愛蔵版
心に響く101の言葉

興福寺寺務老院
多川俊映《たがわしゅんえい》

ウェッジ

愛蔵版　心に響く101の言葉

多川俊映

ウェッジ

はじめに

心理学を学んでいた学生時代、フランスの教育家アランの「楽観主義は意志で、悲観主義は気分である」という言葉を学んだ。

最初は、アランの著作そのものからではなく、誰だったか高名な教授のエッセーか何かで知ったのかもしれない。そのあたりの記憶はもはや朦朧《もうろう》としているが、いずれにせよ、これを読んだ瞬間、それまでの青年特有の何かモヤモヤした気持ちが、たちまち雲散霧消——。

そのことは、いまも鮮明に覚えている。

しかし、それにしても、この言葉は、真理というか真実というか、その核心をズバリ言い当てている。真理・真実はダラダラと述べられるのではなく、このように、凝縮された言葉によってこそ示されるものらしい。とは後でわかったことだが、そのときはともかくも、――そうか、楽観主義は積極的で堅固な意志と直結しており、一方、悲観主義は要するに消極的な気分なんだ。と、どちらかといえば沈みがちな質《たち》だった私も、大いに高揚したのだった。

言葉にこもる力というものを知った瞬間といえるが、私を励ますもう一つの言葉は、能「船弁慶」の子方（義経）が謡う「そのとき義経すこしも騒がず」だった。いくつもの難題が同時に押し寄せてきた時なぞ、この詞章がふと口をついて出て、何度パニックをやりすごしたかわからない――。

ところで、「幽明境《さかい》を異にする」というが、その幽界《ゆうかい》と顕界《けんかい》の相異点の一つは、まさに言葉の有無であろう。死者はもとより沈黙の人で、言いたいこともいえない。が同時に、生前のように言葉によって揺さぶられ、心が泡立つこともない。

人気ミステリー作家のパトリシア・コーンウェルは一九九三年、テネシー大学にある死体の経過状況などを研究する施設（The Body Farm）を視察し、翌年同名の長編を発表したが、そこで「……もはや言葉に傷つく者はここにいない」と書いた（相原真理子・訳『死体農場』）。

これを裏返せば、生きるということは、それだけ言葉の暴力に傷つけられもするということに他ならない。言葉によって励まされるが、言葉によって意気消沈させられもする。そして、行きずりのなにげない言葉に自分なりの意味を見い出し、それをたよりに困難な人生を歩いてもいけるのだ。

アランの言葉に学んだ経験から、その後、心引かれる言葉に出会えば、それを書きとめ、そして、気がむけば、それに自分なりのコメントを走り書きしたりした。そんなメモ書きの中から、とくに東洋（インド・中国・日本）に限って選び出した言葉の数々が、本書の内容である。

これら99の言葉は、「週刊ダイヤモンド」誌に二〇〇五年四月から二〇〇七年三月までの二年間、「東洋の風韻」と題して連載したものである。著者の立場は仏教だが、週刊経済誌という性格を考慮して広く言葉を選び、かつ、五二〇字のコメントも一読、たちまち了解できるよう心がけたつもりである。

——昨今、私たちの社会は、一国の総理から若造のボクサーにいたるまで、言葉があまりにも軽い。「命を賭して」なぞというから、これは壮絶なことになる、と思っていたら、それっきりだったりする。本来、言葉と心はつながっているはずであるが、こんにちただいま、それがあまりにもバラバラである。本書がもし、その修整にもなにほどか役立つのであれば、こんなうれしいことはない。

二〇〇八年六月

多川俊映

付記

旧著『心に響く99の言葉』が、とっておきの言葉を二つ加えて、『心に響く１０１の言葉』としてウエッジ社から復刊されることになった。ここに取り上げた言葉は皆、古くて新しいもの――。死語なぞにしたくないから、今後とも読み継がれていくなら幸いである。ウエッジ編集部長の海野雅彦さんに何かとお世話になり、また、辻 明俊・興福寺庶務執事にも造作をかけた。感謝申し上げる。

二〇二一年五月

目次

第二章　ままならぬことは、まかせよう

第三章　変わる世界、変わらない世界

第四章　仏の教えと唯識

散華画／畠中光享

第一章　人生は、自分の心で決まる

一 冥の照覧《みょうのしょうらん》

わが心の内を見つめる

五感で感じ取れるものは、何といってもリアルである。だから、そうしたものに、人の気持ちもたやすく動く。便利な物がそこにあれば、とにかく説得力があるし、それを生み出した技術も改良すれば、さらなる利便性に富んだ物が作り出せる。総じて、文明は蓄積や改良が容易にきくから、その発展は直線的なのだ。

一方、心で感じ取らなければならないものは、そう簡単ではない。肝心の人の心のヒダなどは容易にみえないから、つい通りすぎてしまう。——後で気がつく何とかだ。文化も蓄積できないことはないけれど、うっかりすると、あっという間に旧《もと》の木阿弥のざまとなる。

近代以降、もっとも意を用いなくなったのは「冥《みょう》の照覧《しょうらん》」であろう。冥とは、暗いとか目にみえない意味で、人間を超えたもののこと。その視線がわが心にそそがれている——、それが、冥の照覧だ。鎌倉時代の貞慶《じょうけい》の『愚迷発心集《ぐめいほっしんしゅう》』に出る。

しかし、誰もが気になるのは人目で、それで人は皆、それなりに慎んだ自分になる。が、人目のない時や人目の届かぬ心の内はどうか。やることは雑になり思いは乱れる。そのことを、しかし、あまくみてはいけない。自己を大きく惑乱するものにもなるのだ。

——わが心の内を照射するものに、改めて意を用いたい。

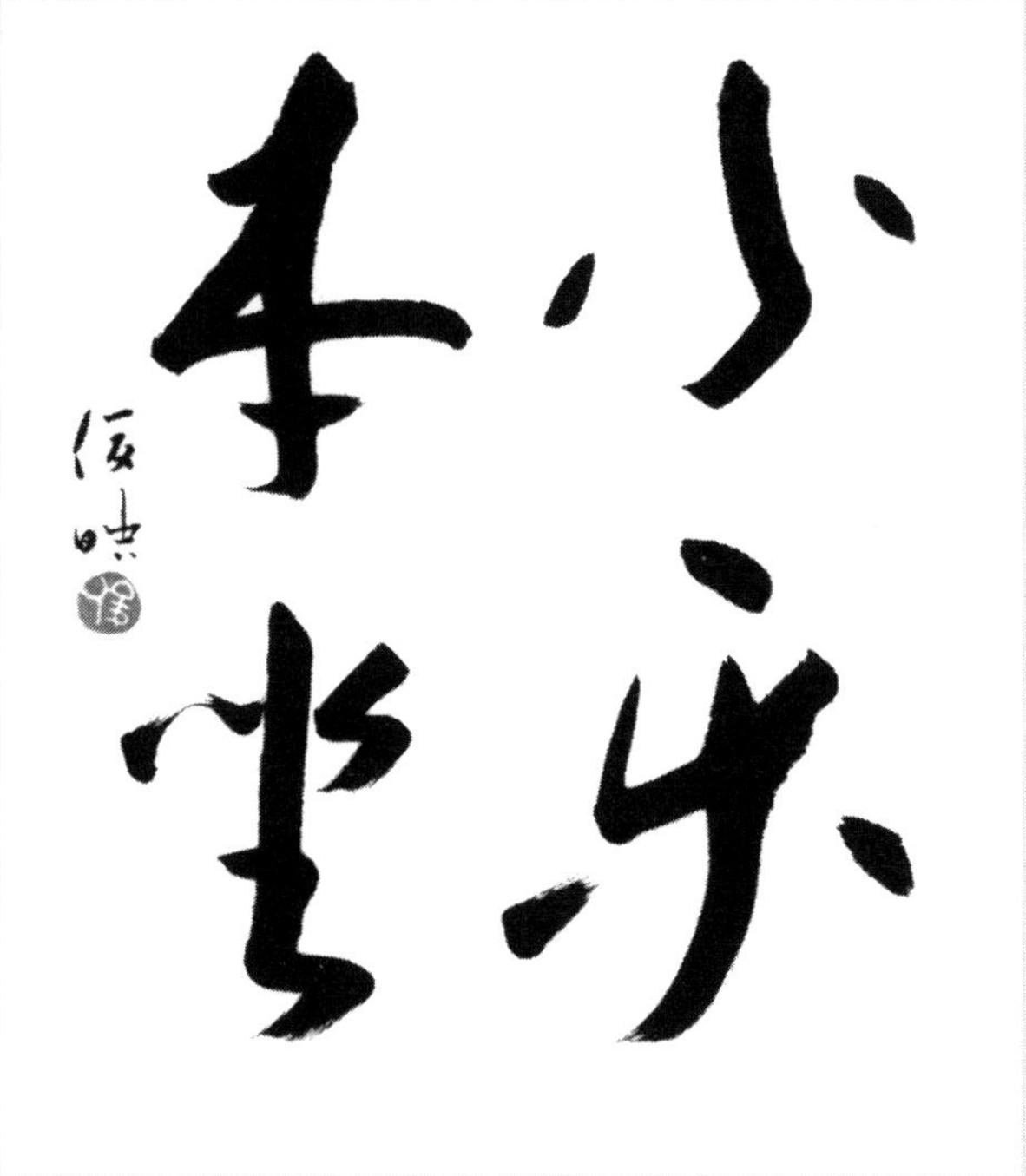

二

不楽本座《ほんざをたのしまず》

心はブレやすい

三島由紀夫の『豊饒《ほうじょう》の海』第四巻の題名は「天人五衰《てんにんごすい》」である。三島はこれを書き上げ、昭和四十五年十一月二十五日、自衛隊市ヶ谷駐屯地に行き、割腹自殺した。それで、天人五衰を知っている人もいる。

天人とは、まあ、いってみれば、パラダイスの住人である。だから、人もうらやむくらいの恵まれた環境にある。ちなみに、生きとし生けるものの生存のあり方に、六種あるというのが仏教の考え方で、劣悪な環境からあげると、地獄・餓鬼・畜生・修羅《しゅら》・人《にん》・天となる。

つまり、天人は上等なのだ。が、いずれは、その天人もアウトになる——。その時、五つの兆候が現われるという。それが天人五衰だ。大体、身体が垢じみて、およそ天人のイメージでなくなるが、その一つにこの「不楽本座」がある。ケッコウな環境にいるのだから、それをありがたく思って受け止めればいいものを、何か他にいいのがあるかも知れない、なぞと心がブレるのだ。その時、天人はダメになる——。

これはどこかで聞いた話で、聞き捨てならない。つまり、人もまた、事情は同じではないのか。私たちはとかく不満で、不平を鳴らす。いいかげんにしておかないと、今の状況をも失うのではないか。

三　迷花言不帰《はなにまようてここにかえらず》

迷うこともまた良し

越後の良寛《りょうかん》さんに、
襤褸《らんる》また襤褸　襤褸これ生涯

という有名な句で始まる一篇の漢詩がある。襤褸とはボロ、やぶれ衣だ。
見かけは継ぎはぎだらけのボロ衣だけれど、

月を看《み》て終夜嘯《うそぶ》き　花に迷うて言《ここ》に帰らず

そんなことより、夜通し月を詠《よ》み、花を探してどこまでも、だ。ふつうは、ボロは着ても心は錦、とはいかない。貧すれば鈍してしまう。あるいは、ボロや流行遅れなぞはいやで、とにかくいいものが着たいとあくせくして、それで少しは生活のそとづらがよくなるかも知れない。

しかし、どのみち、それは物の世界の話である。だから、あくせくしても、思惑通りになるとはかぎらない。そのときは、どうするのか――。またまた、貧すれば鈍する、だ。

この月や花を相手にして示されるのは、心の世界である。そこが豊かで自由闊達であれば、そとづらは問題ではない。錦があれば良し、なくとも、また良い――。

ところで、この「迷花言不帰」の一句を独り歩きさせて、停滞のなさと捉えることもできる。その場合、花とは自分の志すものだ。それを探し求めて、迷うこともあろう。しかし、迷わずして、花に行き着けるだろうか。迷いと停滞は別だ。

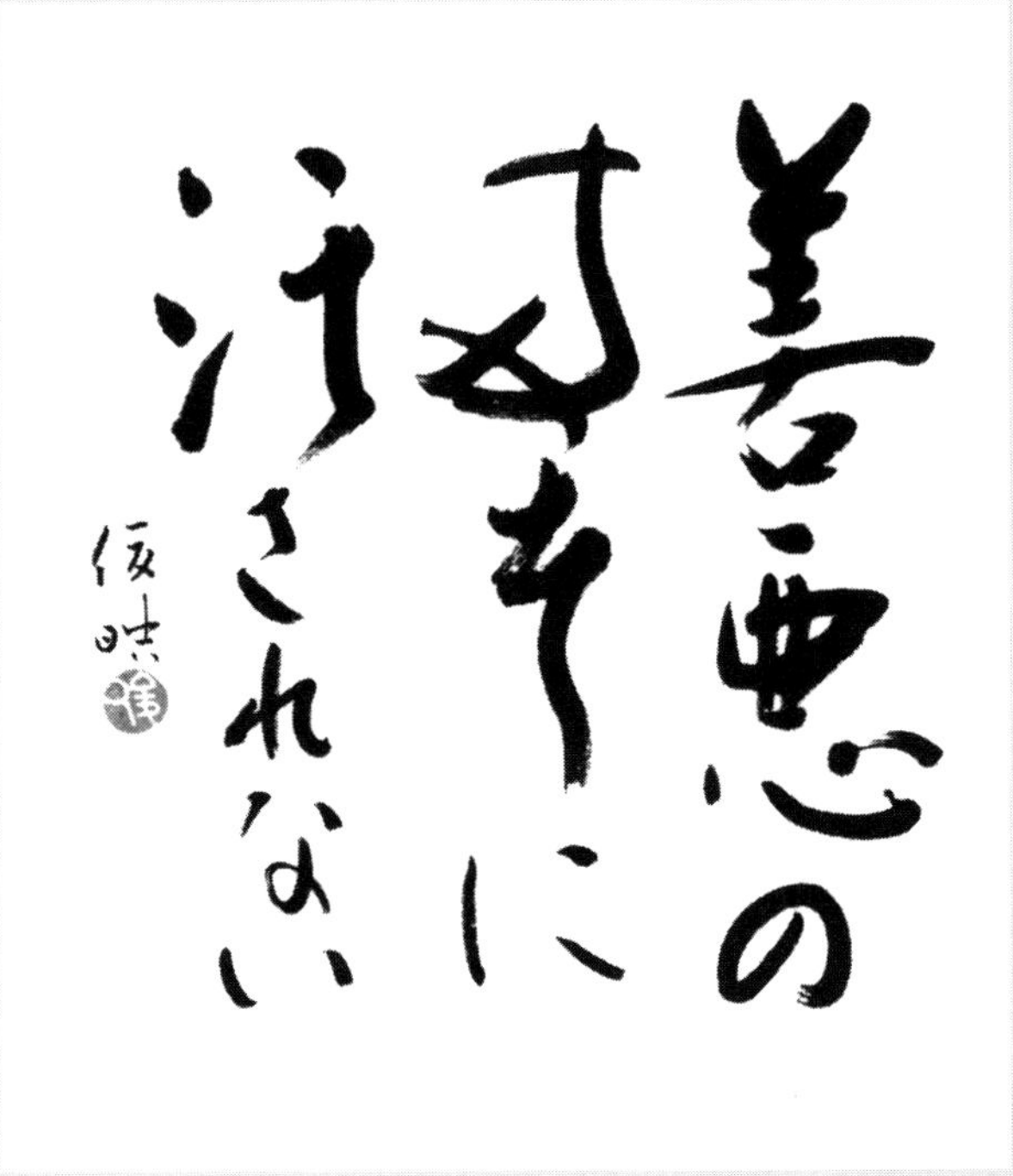

四　善悪の両者に汚されない《ぜんあくのりょうしゃにけがされない》

善の危うさ

仏教のもっとも古い聖典といわれる『スッタニパータ』(中村元・訳、岩波文庫)に、つぎのような仏陀《ブッダ》讃嘆の言葉が収められている。サビヤという遍歴の一修行者が述べた。

麗《うるわ》しい白蓮華《びゃくれんげ》が泥水に染《そま》らないように、あなたは善悪の両者に汚《けが》されません

インドでは、清楚な白色が尊ばれる。そこで、喩えのハスの花も白。その白蓮華は泥水に育つが、泥に汚されない——。仏陀はまさにそのように、善悪の両者に汚されない、というのだ。

このなか、悪に汚されないのはわかる。が、善に汚されないとは、どういうことなのか。

陰徳を積む、という。善行は人知れずソッとするものだが、私たちは、それがなかなかできない。その行為が善ければ善いほど、人に知ってもらいたいという気持ちが強くなる。つまり、それに見合う評価が欲しいのだ。

しかし、世の中、そう易《やす》くはない。過小評価される。あるいは、何ダそんなこと、と無視される。そうしたら、どうか。気分はわるいし、その評価を下した人を、心の中で罵ることにもなる……。せっかくの善い行為も、水の泡どころか、すでに悪に変貌している。

——私たちの、善の危うさを考えさせる言葉である。

五

廻り道《まわりみち》

傷つき乱れた心を調える

日本大衆文学の草分けの一人に、平山《ひらやま》蘆江《ろこう》（一八八二〜一九五三）がいる。その孫にあたる知人から、いつだったか、蘆江作の都々逸《どどいつ》や小唄を幾つか教えてもらった。

書画もよくしたと聞くから、自ずから粋で多才な人だったことがわかる。その蘆江の都々逸の代表作は、

このあたり
いつも二人で歩いたところ
思ひ出しては
廻り道

東京・目黒の五百羅漢寺《ごひゃくらかんじ》に歌碑がある。この、廻り道するのは誰か。訳ありの女と別れた男なのか、あるいは、連れあいに不意に先立たれた男か。いずれにせよ、ややうつむきかげんに歩く後姿がイメージされる。

暗いといえば暗いし、未練がましいかも知れない。しかし、この世にあるかぎり、思ってもみなかった不可解な別れに、人はもてあそばれる。そんな時はしばらく、過ぎ去った日の思い出に身をゆだね、ひたり切ればいい……。

若さや明るさだけに価値がある――。私たちの社会はまだそう考えている。が、輝いた一瞬をたよりに、おずおずとでも歩いていけるのだから、遠慮なぞいらぬ。――廻り道は、傷ついて乱れた心を調える道でもあるのだ。

六

慈眼《じげん》

あるがままに見る

この世は愛と憎しみだ、と言い切ってよい。もとより、自分の都合による愛憎だ。私たちは、好都合の追求に忙しい。

好都合なものは人でも物でも、手元に引き寄せて、いつまでも愛《いつく》しみたいし、不都合なものは、何だかだと理屈をつけて、視野の外に押し出そうとする。

それでも気がおさまらない場合は、亡きものにせんと心を黒くする……。と、恐いことにもなるが、それほどまでにこだわった好都合・不都合も、一瞬のうちに入れ替わることだってある。

しかもその上に、相手の好都合・不都合が加わるのだから、話はいよいよもって、ややこしくなる。

私たちはまさに、愛と憎しみの交差する世界にいるのだ。それだから、物をみる眼《め》・人をみる眼も、温かいまなざしと悪意のこもった視線とを忙しく使い分けている。さしずめ、善眼《ぜんげん》と悪眼《あくげん》の両刀使いである。

しかし、それらを適宜使い分けている間は、——もう、たくさんだッ、と叫んでみたところで、どろどろした愛憎の世界から抜け出せるわけではない。

善眼でも悪眼でもない、あるがままに見る慈眼《じげん》という第三の眼のあることを知っておこう。知っておけば、いつかはそれに近づくことができるから。

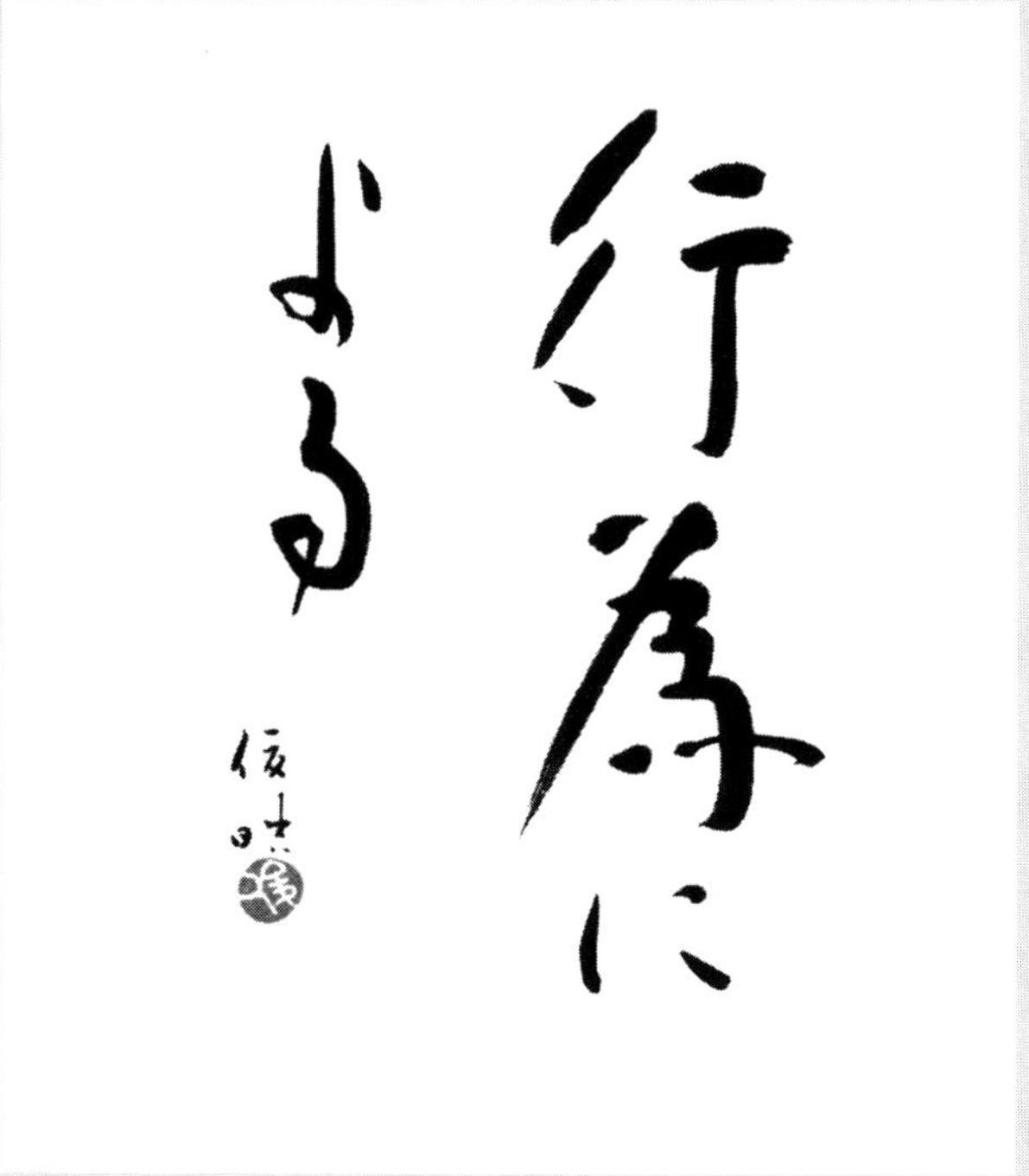

七 行為《こうい》による

生れより、行ない

人間を決めるものは何か。
いまどき、家柄なぞを持ち出したら、言下に、――そりゃ、大いなる時代錯誤だ、といわれるかもしれない。

が、世間のある部分は、いまも明らかに、その家柄で動いている。古典芸能の役者しかり、政治家しかり……。医者も、相当程度、家業の趣《おもむ》きがある。

一概にそれが悪い、というつもりはない。家業における、その道のノウハウの蓄積は、バカにできないからだ。

しかし、それはどこまでも、世間での身過ぎ世過ぎの話である。赤裸々なひとりの人間としてのよしあしは、また、別の問題だ。

そして、まさにそうした人間のよしあしを決めるものは、何か——。それが家柄でないことは、たしかだ。

仏教の創唱者・釈尊の教えを髣髴させるといわれる『スッタニパータ』に、つぎのような一文がある。

生れによって賤《いや》しい人になるのではない。生れによってバラモンとなるのではない。行為によって賤しい人ともなり、行為によってバラモンともなる

バラモンとは、清らかな人の意。他でもない自分の行ないそのものが、自分の品性を決めるというのだ。心したい。

八　動止《どうし》

静寂・沈黙・空間

このところ、知人が著した『弘法大師の手紙』という本を読んでいる。
空海の文面は、簡にして要を得ていて、気持ちがいい。読む人の心に直線的に届いたこ

とだろう。むろん、その中には、

伏して惟《おもん》みれば、動止如何《どうしいかん》。

あるいは、

伏して惟みれば、動止兼勝《けんしょう》なりや。

という先方の様子を尋ねる一文も認《したた》められている。

動止は動静と同じ。「この頃、いかがお過しでしょうか」とか、「健勝にお暮しですか」の意味だ。

人間には、静寂と沈黙と空間が必要だといわれる。喧騒と饒舌と画面にあくせくしている現代の私たちにとっては、なおさら必要であろう。喧騒と饒舌は、説明不要。三つ目の画面とは、パソコンや携帯電話の画面のことだ。

その狭い画面が、——実に世界とつながっているんだ。といっては四六時中見入っているが、時々刻々に押し寄せてくる新しい情報もまた、喧騒と饒舌そのものといってよい。

それらを「動」とすれば、それに見合うだけの「止」や「静」があってこそ、心のバランスも保たれる。が、私たちのこんにちの状況は「動」ばかりだ。バランスを保つためには、「打ち方、止め」の号令を、自分自身にかけるしかない。

九

後の半截《のちのはんせつ》

人生は後の半生で決まる

私も団塊世代の一員だが、その膨大な一群が、いま、続々とリタイアしている。
社会がそれをどうなじませていくのかは大きな問題だが、個々人にとっても、その後をどう生きるか――、それが問われているのだ。切実である。

そういう状況なのに、私たちの社会はまだ、若さだけに絶大な価値をおきつづけている。「老」の字は、人生を積み重ねた熟成を意味するが、ほとんどのメディアは、「老人」を忌避して中高年の語を用いる。それは、「老」が単なる若さの喪失、つまり、無価値への転落との理解が一般的だからであろう。

それは大間違いだ、と私たちの世代が声をあげなければいけない。中国・明《みん》代の処世訓『菜根譚《さいこんたん》』は、

人を看るには只《た》だ後の半截《はんせつ》を看よ

ということわざをひいている。人生は、後の半生で決まるのだということ。

じっさい、齢《よわい》六十は、その「後の半截」のど真ん中なのだ。同じ『菜根譚』に、つぎのような文言もある。

末路晩年は、君子宜《よろ》しく精神百倍すべし

今までは、実に人生の序奏だ。それをこれから、じっくり熟成させていくことが、私たちに求められているのだ。

精神百倍！　もちろん細工は流々である。

十 掌の中の風《てのなかのかぜ》

望めば切りがない

十一世紀ペルシャの詩人ハイヤームの『ルバイヤート』に、
ないものにも掌《て》の中の風があり、

あるものには崩壊と不足しかない。
ないかと思えば、すべてのものがあり、
あるかと見れば、すべてのものがない。

という四行詩がある。

私たちの日常は、何かにつけて有無がチェックされる。経験や実績の有無がものをいうし、アリバイが無ければ、たとえ無実でも、たいへんだ。

なかでも、財産の有無は、しあわせの度合いをはかる重要な判断材料だ。金品の豊かさが、必ずしも心に反映しない、否むしろ、野放図な豊かさが心を荒廃させることがわかっていても、である。

もうこれくらいで充分だという気持ちは、物の豊かさや利便性に弱く、押し切られがちだ。しかし、有るものは無くなるし、望めば切りがない。まさに「あるものには崩壊と不足しかない」。

一方、ないものには、本当に何もないのか。掌の中の風とは、ある種の爽やかさだろう。これ忘れることなかれ、だ。

私たちは有無ということに、あまりにもこだわり過ぎていやしないか。

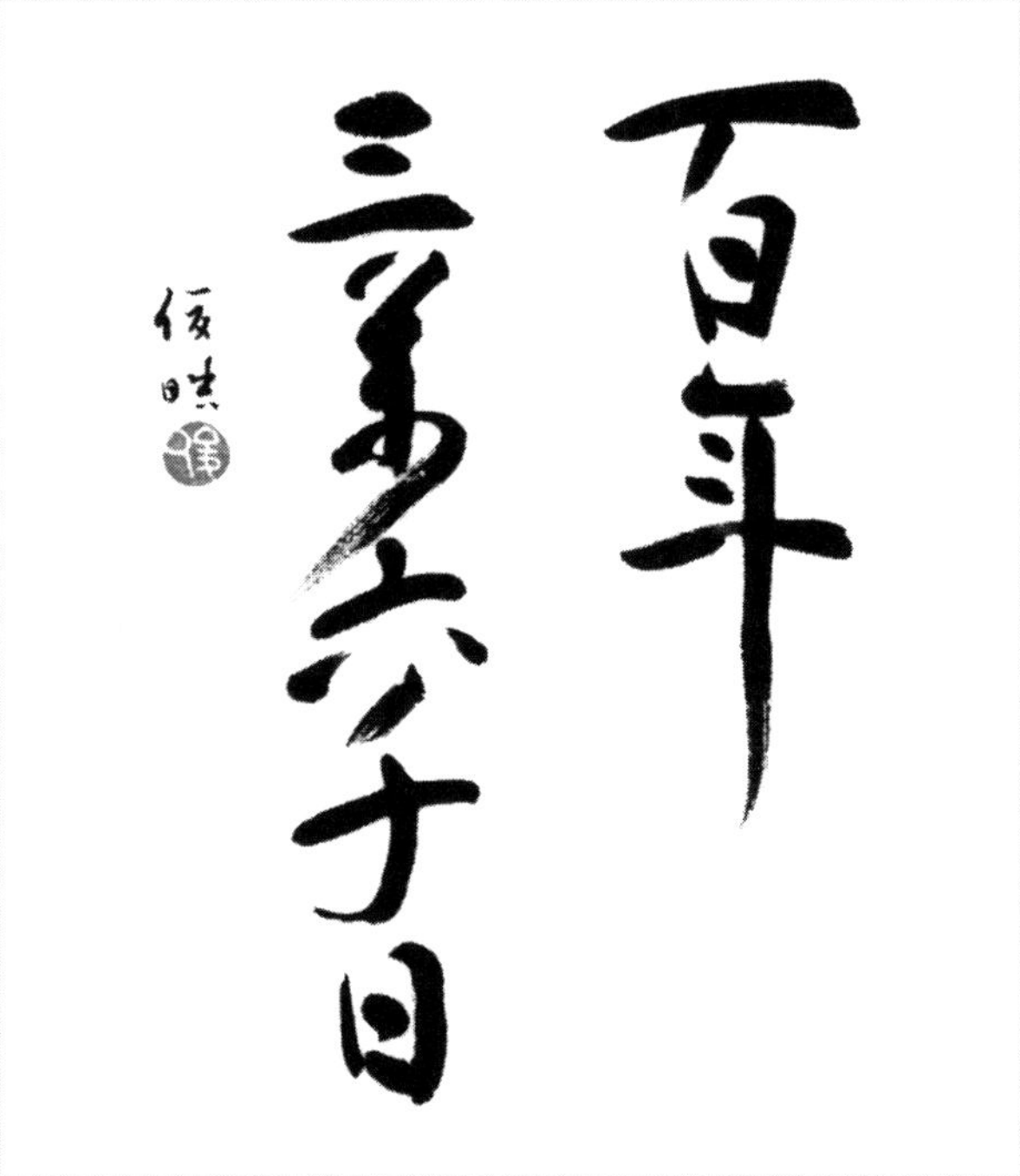

十一

百年三万六千日《ひゃくねんさんまんろくせんにち》

味わい深く生きるには

李白といえば白髪三千丈だが、

百年三万六千日

一日須傾三百杯（一日、須《すべか》らく三百杯を傾けるべし）

というすごいのもある。

人間よく生きて百年、まあ三万六千日だ。その間、たとえ名声や実利を得たところで、人の世だから長続きなぞしない。そんなうたかたを追い求めて、何になるんだ。あるがままよ、気のあう友と一杯一杯復《また》一杯……。

仏教では、人寿《にんじゅ》百歳とか百二十歳という。私などとても無理だが、こうして日数で示されると、何だそれっぽっちか、という気がしないでもない。

不老長寿は人間永遠のテーマだが、かつては、たわいない夢物語だった。ところが今や、科学の直線的な進展によって、今世紀中頃には、寿命は飛躍的に延びると推測されている。

栄養をもっとバランスよく摂取し、傷んだ臓器はパーツ交換し、そして、遺伝子を操作すれば、若さを保ちながら長生きできるのかも知れない。

しかし、人生をどう味わい深く生きるか。そのことについては、あまりいい話を聞かない。私たちにとって一番肝心なことを欠いた長寿志向は、果たして幸せなことなのか。長寿は結果で、目的ではないことを改めて確認したい。

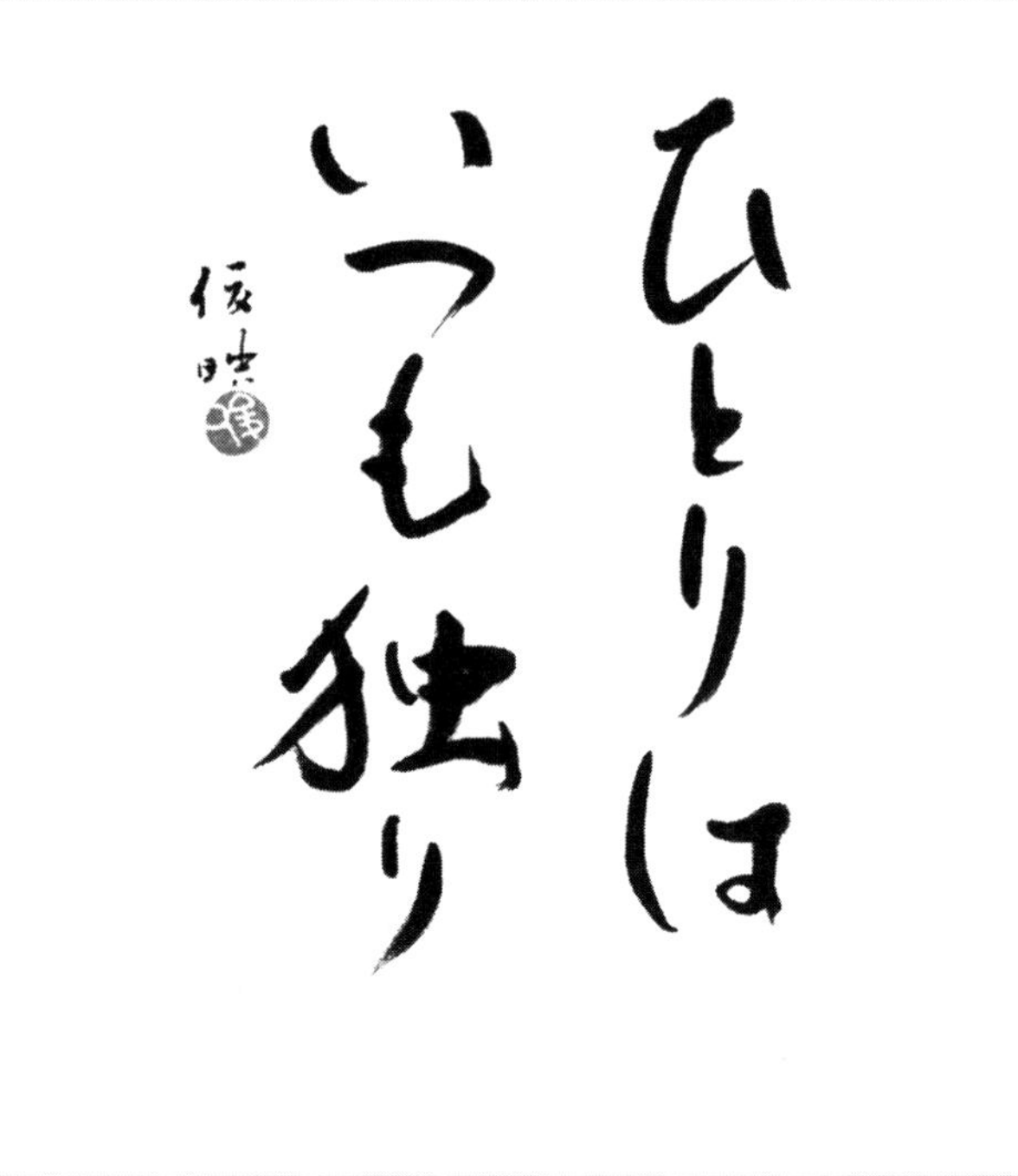

十二

ひとりはいつも独り《ひとりはいつもひとり》

たまには群れるのをやめる

日本人は群れたがる、といわれる。たしかに、何かといえば、すぐに会をつくって、会合だ、研修だ、ゴルフだと、忙しい──。

それでなくても、ご用繁多《はんた》なのだから、少しは「ひとりの時間」を確保すればいいのに――。と思うが、なぜか自ら忙しがるのだ。帰属するところがないと、見捨てられたようで不安なんだろうか。

まあ、群れをなすのは動物の習性だから、何も一方的に非難されるいわれはない。が、ひとりの時は控えめで穏やかでも、集団の一員になれば、傍若無人なふるまいになりがちだし、忙しさで濁った心を調整するためにも、少しは、群れるのを控えたほうがいい。

捨て聖・一遍さんの道歌に、

おのづから相《あい》あふ時もわかれても
ひとりはいつもひとりなりけり

というのがある。また、

生ぜしもひとりなり。死するも独《ひとり》なり。されば人と共に住《じゅう》するも独なり

とも述べている。たとえ群れていても、独りなんだ。人間とは、そういうものなのだ――。

何ごとにつけ、それを本《もと》に考えれば、ことの本質をはずすことはない、ということだろう。ほんとうの他者への共感も、側隠の情も、それを徹底することによって、自ずから立ち現われるだろう。

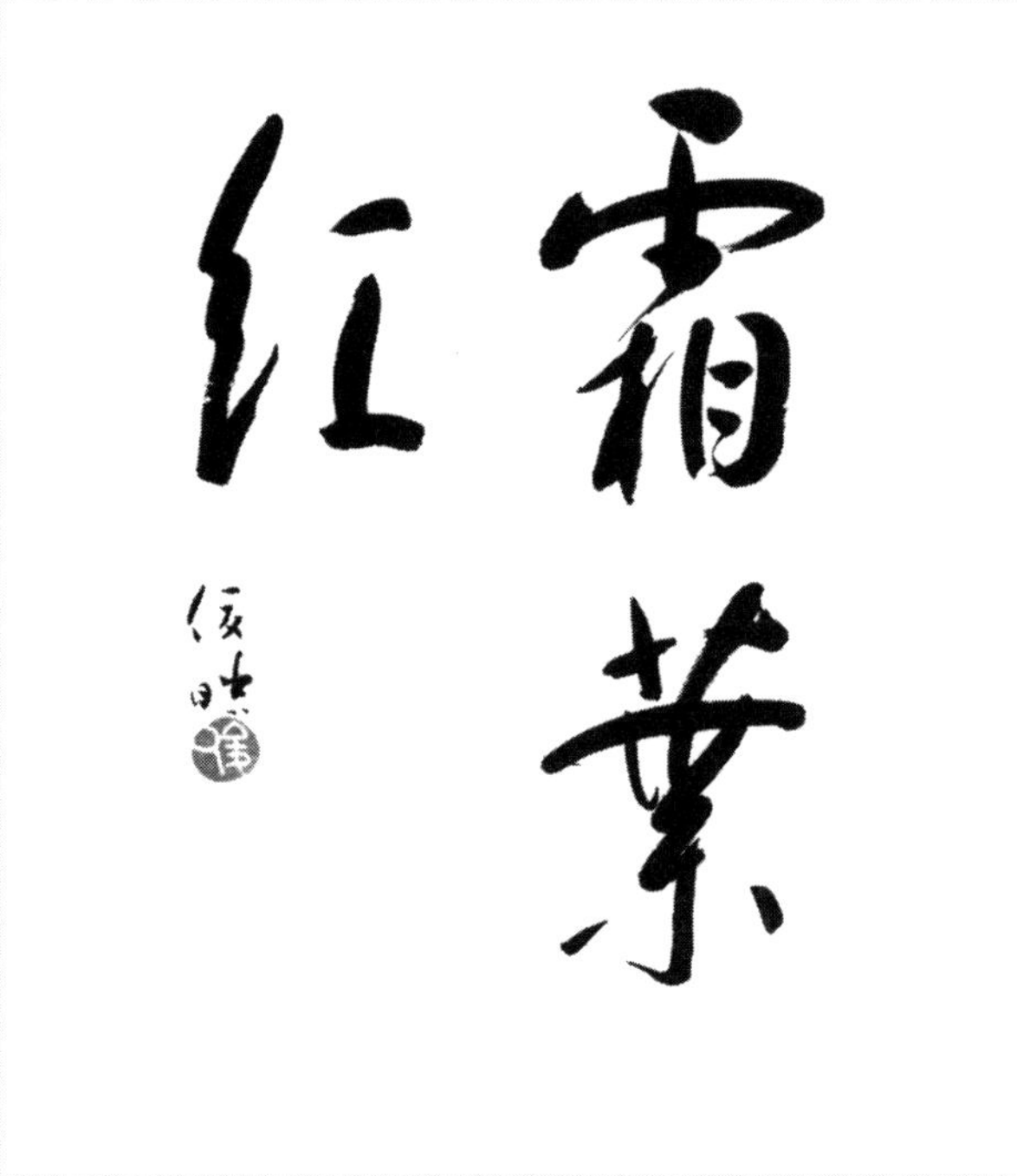

十三

霜葉紅《そうようはくれないなり》

老いてなお鮮やかに

現在、ほとんど見向きもされないけれど、かつて中高の国語教育では、それなりに漢文が尊ばれた。ここに取り上げる杜《と》牧《ぼく》（九世紀）の「山行」なども、そうして学ばれた七言絶句の定番だった。

遠く寒山に上《のぼ》れば、石径《せっけい》斜めなり。
白雲生ずる処《ところ》、人家あり。
車を停《とど》めて坐《そぞろ》に愛す、楓林《ふうりん》の晩《くれ》。
霜葉《そうよう》は二月の花よりも紅《くれない》なり。

——晩秋の夕間暮れの一コマ。ふと、わびしい石畳の山道を登っていくと、何と人家があるではないか。こんな山中に住んでいる人もいるんだ。なお、しばらく行く。と、美しい楓《かえで》の林である。車を止めて、うっとりと見とれる。楓の葉は霜にうたれて紅く、その素晴らしさはもう、春の花なんかメじゃない……。

秋の季節、紅葉《こうよう》が美しい。目を凝らせば、その色づき方は一枚一枚違っていて、一つとして同じ色合いでない。楓にかぎらず落葉樹の山は、そうして綾なす絢爛豪華な錦そのものだ。が、そんな一枚一枚色合いが違う葉っぱも、青葉若葉のころは、どれもみな同じだった。それが、晩秋になると、こうも違うのだ。

これって、人間の一生を暗示していやしないか。老いるにつれ、——二月の花よりも紅なり、といきたいものだ。

十四
退いて見る《しりぞいてみる》

人生を円熟させる契機

功《こう》成《な》り名《な》遂《と》げて身《み》退《しりぞ》くは、天の道と心得て、小船《しょうせん》に棹《さお》さして、五湖《ごこ》の煙濤《えんとう》を楽しむ。……

能「舟弁慶《ふなべんけい》」の一節だ。中国の春秋時代（紀元前五世紀前後）、呉国に破れた越国の重臣・陶朱公《とうしゅこう》は、知略をめぐらせて雪辱を果たした。そうであれば、「功名《こうめい》富《と》み貴《たっと》く、心のごとくなるべき」を、きれいさっぱり、引退したというのだ。それで、小船《こぶね》なんぞに揺られながら、遠く煙のように霞む波にうっとりと見入っているという次第。

ポジションに恋々としない、といいながら、なんとか居座ろうとする御仁が多いから、その出処進退は秀逸という他はない。かつて社長から相談役に退いた知人に、その要諦を聞いた。いわく、自ら相談をもちかけないことにつきる、と。けだし、名言である。

わが団塊の世代は、功なり名遂げたかどうかはともかく、いま、続々とリタイアしている。

なにごとも身過ぎ世過ぎ——。生計《たつき》・生業《なりわい》に精出した生活は、それなりに充実してはいても、見落としてきたことも多いはずだ。しかし、そのなかにこそ、人生を円熟させる契機が潜んでいる。

退いて見る世の中の面白さ（後藤蝶五郎）

十五

花還世上塵《はなもまたせじょうのちり》

うつろいやすいものに
こだわらない

良寛さんが、親交のあった越後・国上《くがみ》村の原田 鵲斎《じゃくさい》に贈った漢詩は、

清浄《しょうじょう》深く探り得ば

花も還《また》、世上の塵

の二句で結ばれている。

ふつう、清浄といえば、穢れのないこと。というか、きれいなものというニュアンスだ。が、良寛は、――ちょっと待て、という。清浄ということを究めたならば、そのきれいの代表の花だって、この世の塵芥《ちりあくた》みたいなものだ、というのである。

きれい・きたないは、考えてみれば、比較相対の価値判断にすぎない。美醜には独特の、好みの問題も介在する。

その好みは、およそうつろいやすく、そんなのに拘泥《こうでい》しているかぎり、ものの本質なんてみえてこないよ――。まったく、清浄深く探り得ば、花も還世上の塵よ、と良寛は鵲斎に指摘したのだ。

田辺聖子氏『道頓堀の雨に別れて以来なり』は、川柳のすばらしさを大いに気づかせてくれるが、そこに収録された、

宝石も愚痴も地上に舞ふ塵埃《ほこり》(麻生葭乃)

の句なぞ、ついうれしくなる。宝石と愚痴を一緒くたにしているところがいかにも川柳らしいが、内容は、良寛のこの句に通底していよう。

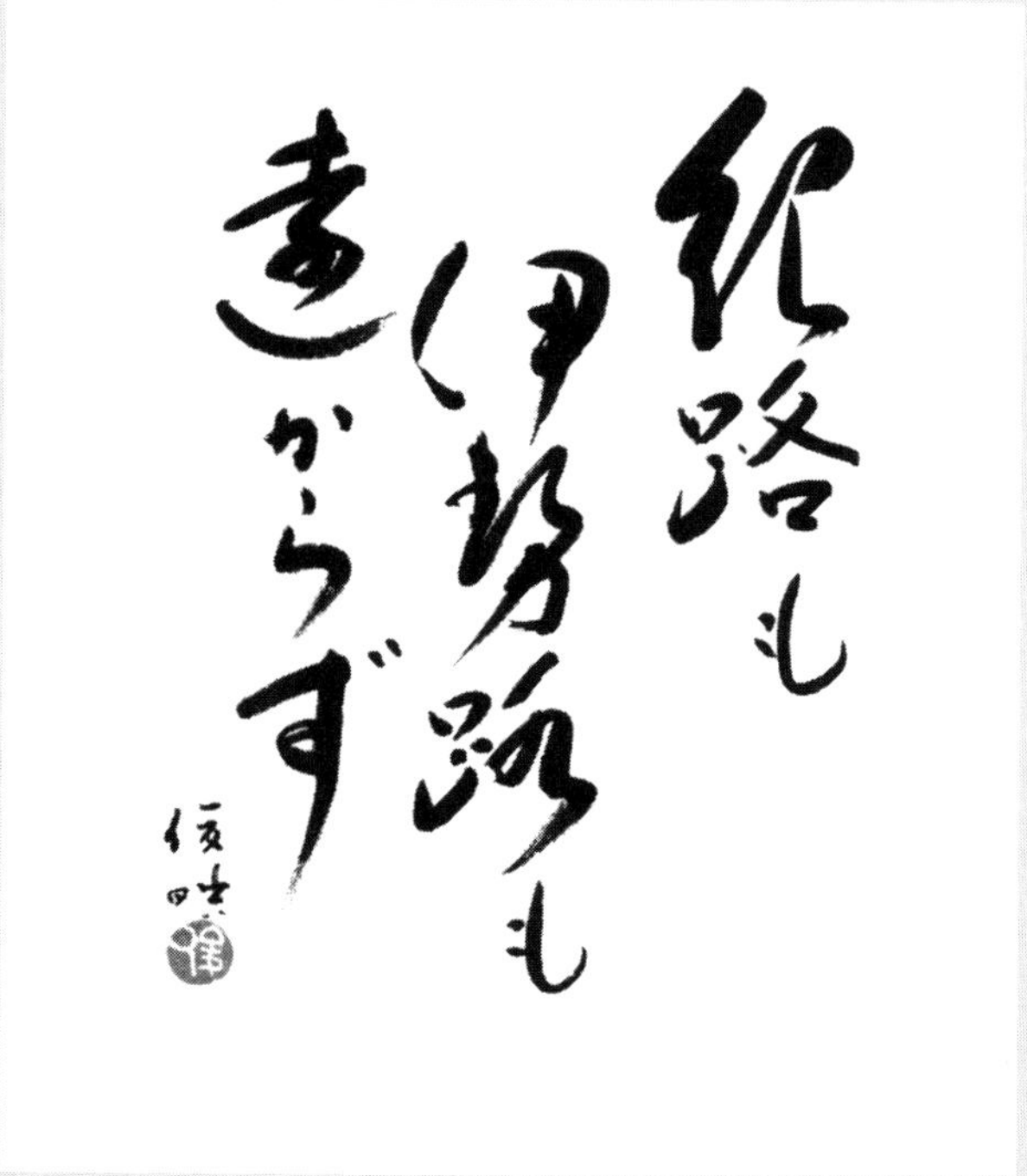

十六

紀路も伊勢路も遠からず《きじもいせじもとおからず》

ただひたすらに歩めばいい

いま、熊野古道に熱い視線が注がれている。後白河法皇が集成した『梁塵《りょうじん》秘抄《ひしょう》』に、つぎの歌がある。

熊野へ参るには、
紀路《きじ》と伊勢路《いせじ》のどれ近し、どれ遠し、
広大慈悲の道なれば、
紀路も伊勢路も遠からず。

熊野に詣でるルートはいくつもあるけれど、その代表は紀州路と伊勢路だ。ただ、熊野は古来、黄泉《よみ》の国といわれるところである。いずれにせよ、花の都から遠く、かつ、けわしい。その紀路と伊勢路と、どちらが近くて楽か、というのだ。が、熊野詣とは、そういう問題じゃない――。

それというのも、熊野権現《ごんげん》は、信不信《しんふしん》も罪の有無も論ぜず、何もかも受け入れる広い心で、私たちを待っておられる。ならば、二つを比較し遠近をはかるなんて、つまらぬ魂胆だ。どちらの道でも、ただひたすらに歩めばいいのだ。

――今も昔も、人間は利便を求め、効率の良さを好む。一概に、それが悪いとはいえないが、何でもかでも効率的なのは、まあ一直線の世界だ。そんなに急いでどこへ行く、だ。大事なことを見逃していやしないか。

寄り道やまわり道のある遠い道にこそ、人生妙味の発見があるだろう。

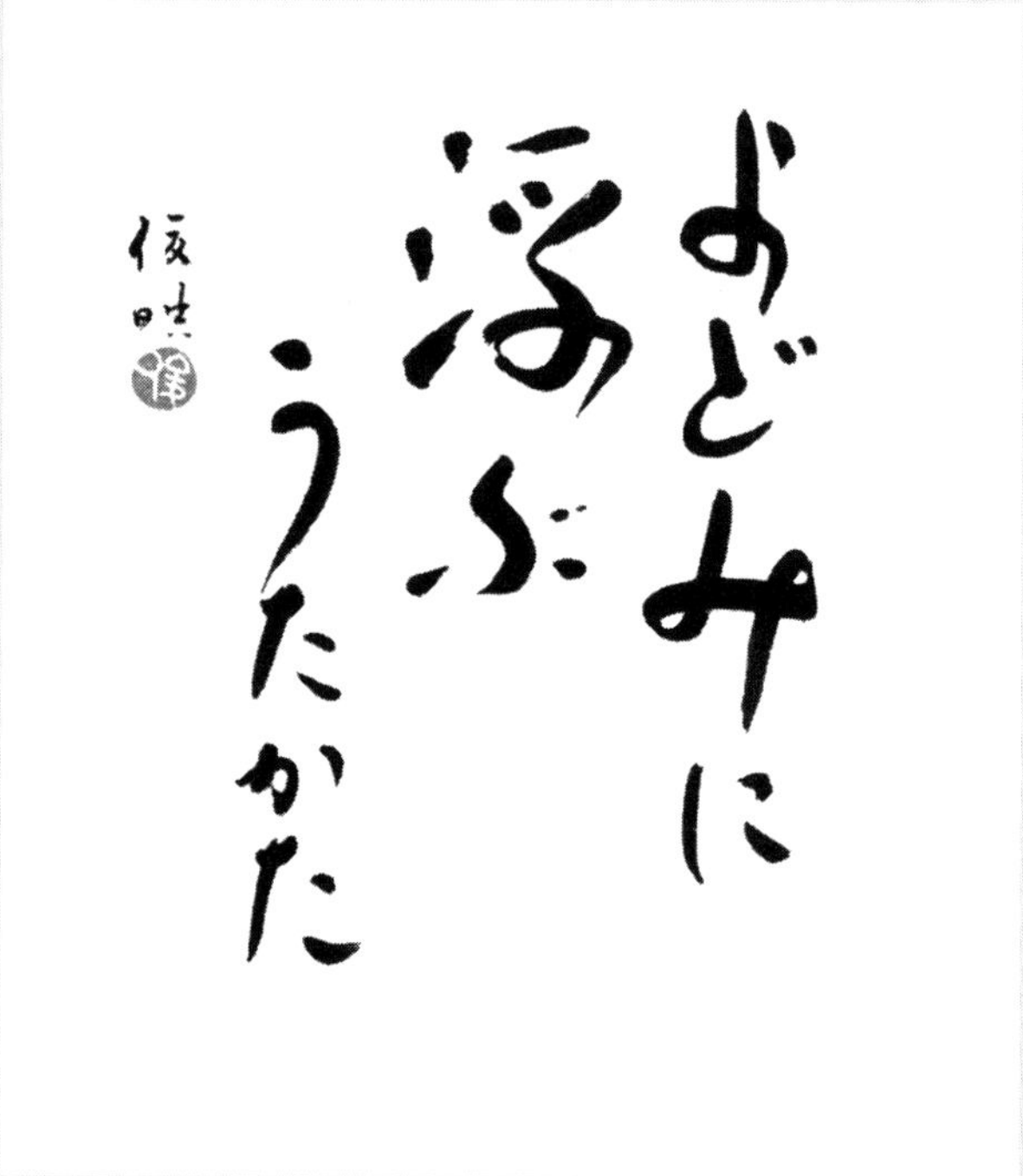

十七

よどみに浮ぶうたかた《よどみにうかぶうたかた》

人生の持ち時間は短い

ゆく河の流れは絶えずして、しかも、もとの水にあらず。よどみに浮ぶうたかたは、かつ消え、かつ結びて、久しくとどまりたる例《ためし》なし。世の中にある、人と栖《すみか》と、また

かくのごとし。

これはいうまでもなく、『方丈記』の冒頭の一節だ。いわゆる諸行無常、すべては一瞬々々、変化の中にあるのだ。

そのことを、李白は、

天地は万物の逆旅《げきりょ》（旅宿の意）**なり、光陰は百代《はくたい》の過客《かかく》なり。**

と述べ、芭蕉はこれをもとに、

月日は百代の過客にして、行かふ年も亦《また》旅人なり。

と綴った。これらの名文を借りるまでもなく、不変で確固としたものなんてない、ということぐらいは誰でも了解している。――はずなのだが、それがそうもいかないのが、世の中らしい。人生という持ち時間は短いのだから、もっと気の利いたことをすればいいものを、つまらぬことにかまけて、無為の時を過すのだ。

日本大衆文学の草分けの一人・平山蘆江に、

噂《うわ》さの早耳岡焼《おかやき》小耳聞かぬ気で聞く地獄耳

という都々逸がある。私たちはとかく、他人のことが気になる。それを性分といってしまえば、終わりである。そんなヒマがあったら、自分を磨こう。人生は短いのだ。

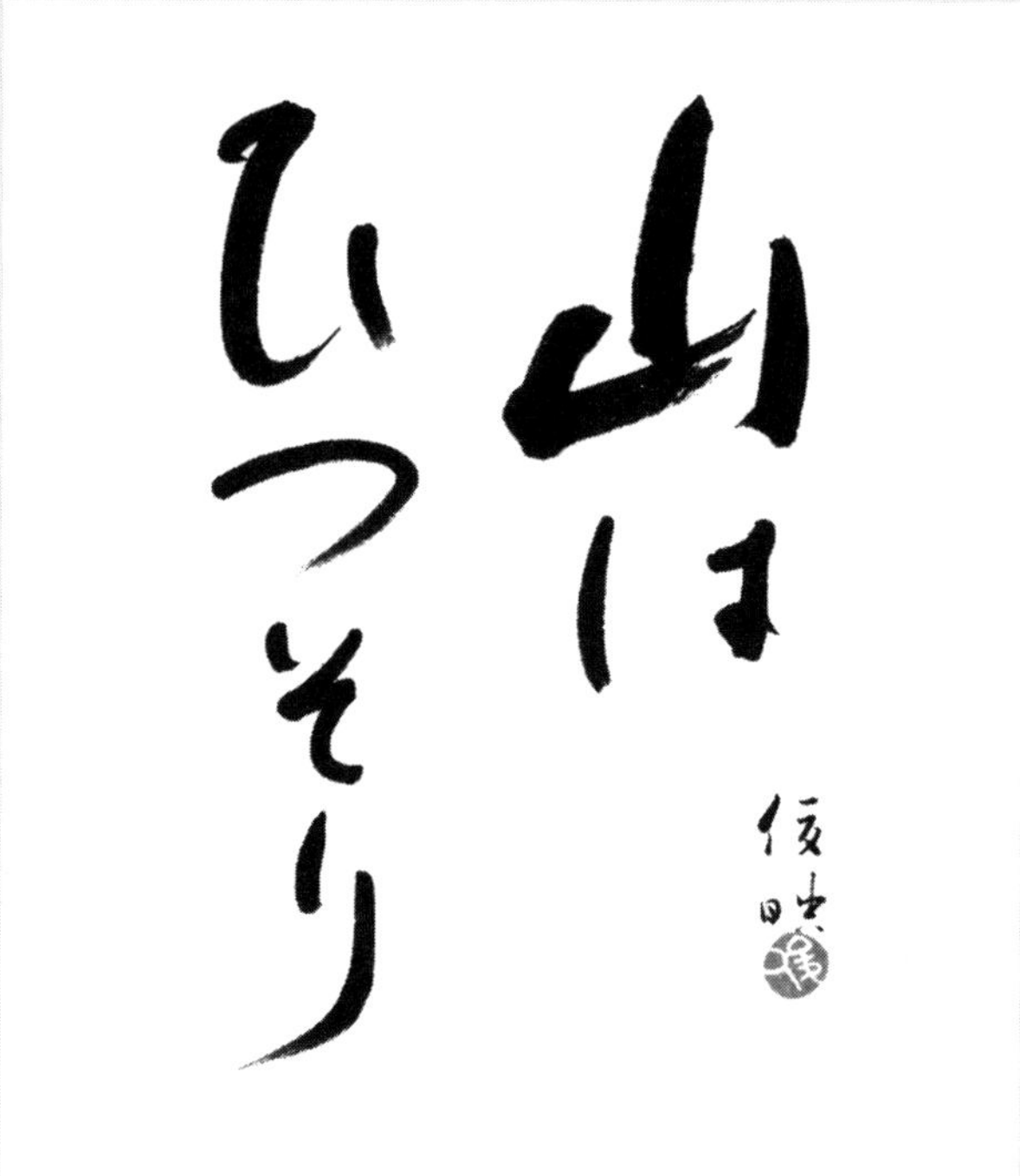

十八

山はひっそり《やまはひっそり》

毀誉褒貶に惑わされない

失敗もなく、挫折もないという人はいない。もしいたら、その人は、よほど優れているか、何もしない人だ。人は皆、なにほどか失敗し、挫折を経験しながら、こんにちただ今を生きている。

毀誉褒貶《きよほうへん》の世の中だから、失敗し挫折すれば貶《けな》され、その揚句が、——人の不幸は鴨の味、だ。同情されもするが、そうした味もまた、こっそり賞味される。そして、成功すれば褒められるが、同時に、やっかまれもするのだ。

ジェラシーほど、くだらないものはない。が、私たちは何かにつけて、これをねちねちとやるのだ。貶し貶され・やっかみやっかまれる。考えてみれば、馬鹿げた話ではある。

他人《ひと》のことは、このさい言うまい。しかしそれにしても、自分自身のアタフタは、みっともないったら、ない。

種田山頭火（一八八二〜一九四〇）の句に、
すべってころんで山がひっそり
というのがある。峻険な山道でも歩いていたのか、足がもつれ、すべってころんで無様なこと。

それに、日ごろの無様な失敗が重なって、自分を貶す声が、耳元によみがえってくる。つい、チクショウの一つも喚《わめ》いてみる。が、奥深い山はその声を吸い取って、どこまでも森閑《しんかん》としている。山頭火はその時、山に学んだのだ。

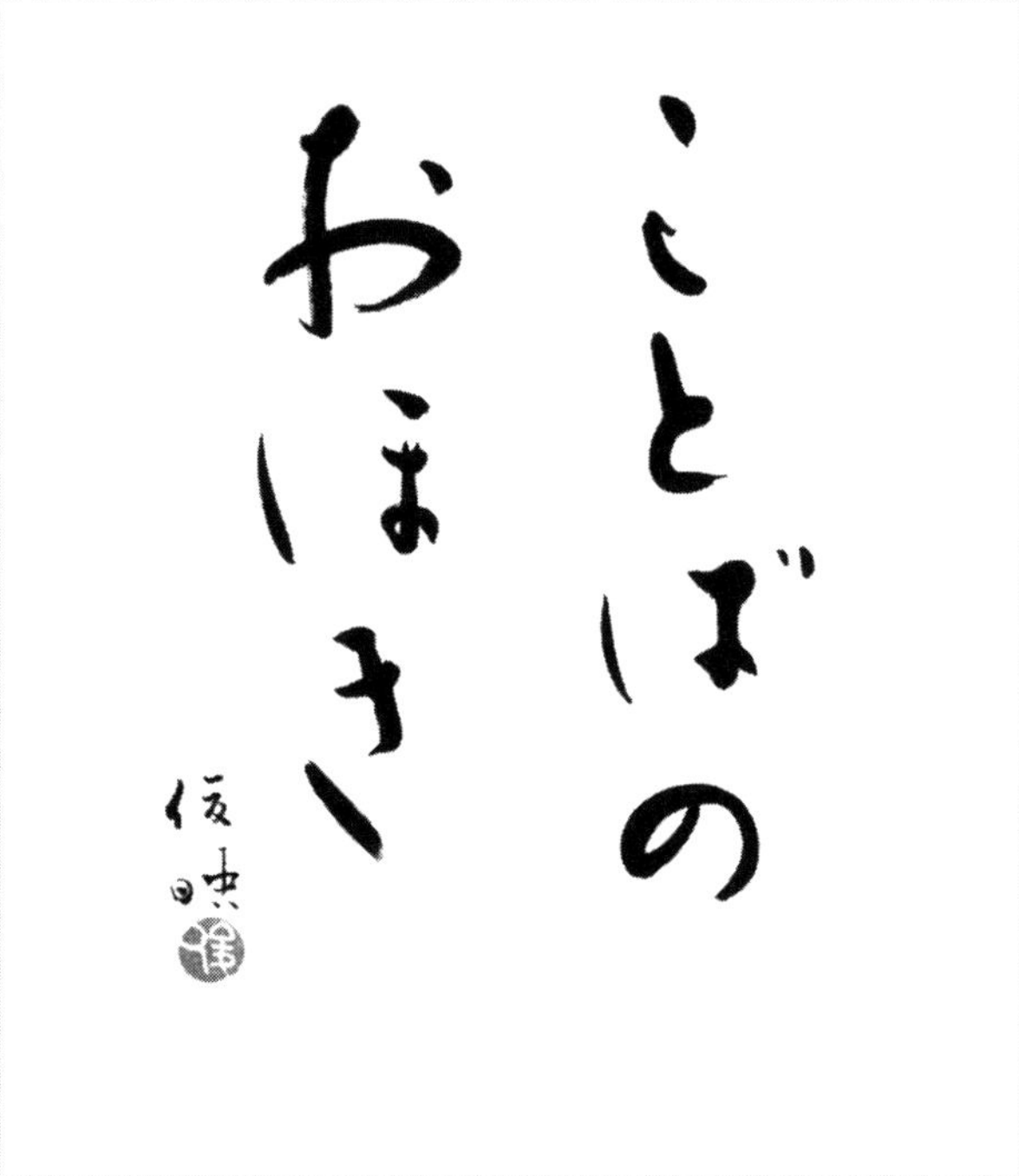

十九　ことばのおほき

ことばのおおき

おしゃべりも ほどほどがよい

あやまちが多い――。他人《ひと》はともかく、自分をふりかえってみて、つくづくそう思う。
なかでも多いのが、ことばのあやまちだ。

古来、――真実を語るところに怖れはない、という。真実は堂々としていられるが、不実を口走れば、それがいつバレるか心配しなくてはいけない。ウソは、その人を大きく傷つけるのだ。

ことばのあやまちは、ウソに始まりウソに終わるともいえるが、良寛の「戒語《かいご》」は、次のように具体的だ。十八項目にわたる戒語から、幾つかあげてみよう。

・ことばのおほき　　　　・はらたてる人ニことはりをいふ
・とはずがたり　　　　　・はらたちながらことはりをいふ
・人のものいひきらぬ中ニものいふ　・いさゝかなことをいひたてる
・時ところにあはぬこと　・ことゞゝしくものいふ
・よふてことはりをいふ

出だしがどんなに真実でも、言いたい放題ペラペラ喋れば、どうしてもそこに何ほどかの不実が混ざる――。「ことばの多き」は危ういのだ。

正しい道理《ことわり》も、酔って言ってはダメだし、腹を立てている人に道理を説いてもダメ。むろん、腹を立てて言ったらダメ。

二十

依法不依人《ほうによりてひとによらず》

私たちは危ない存在なのだ

仏教の世界では、依《え》法《ほう》不《ふ》依《え》人《にん》ということが尊ばれている。

法に依《よ》りて人に依らず

とよむ。

この場合の「法」は教えの意味。すべては、ホトケの教えにもとづいて考え、そして、行う。それが、仏教の作法なのだという。

人にもとづいてはいけない。というのは、端的にいって、人は間違いを犯しやすいからである。いわゆる魔がさしたのか、あの人が、という人が重大な法令違反を犯したりする。その意味で、私たちは、はなはだ危ない存在なのだ、という他はない。

他人事ではないが、それはともかく、そういう人を介して、ホトケの教えも伝えられてきたわけで、事はそう簡単ではない。というか、依法不依人といっても、なかなか微妙なのだ。

むろん、これは何も仏教だけの話ではない。世のさまざまな人間関係の中にひそむ、微妙なことがらでもある。

学問上の師弟関係も、ビジネスの世界のそれも、間違いやすい人と人を介して、大切なことが伝えられていく——。

人は間違いを犯しやすいのだという一点を、導く者も導かれる者も肝に銘ずれば、その関係はさわやかで豊かなものになるだろう。それが、依法不依人の真意。

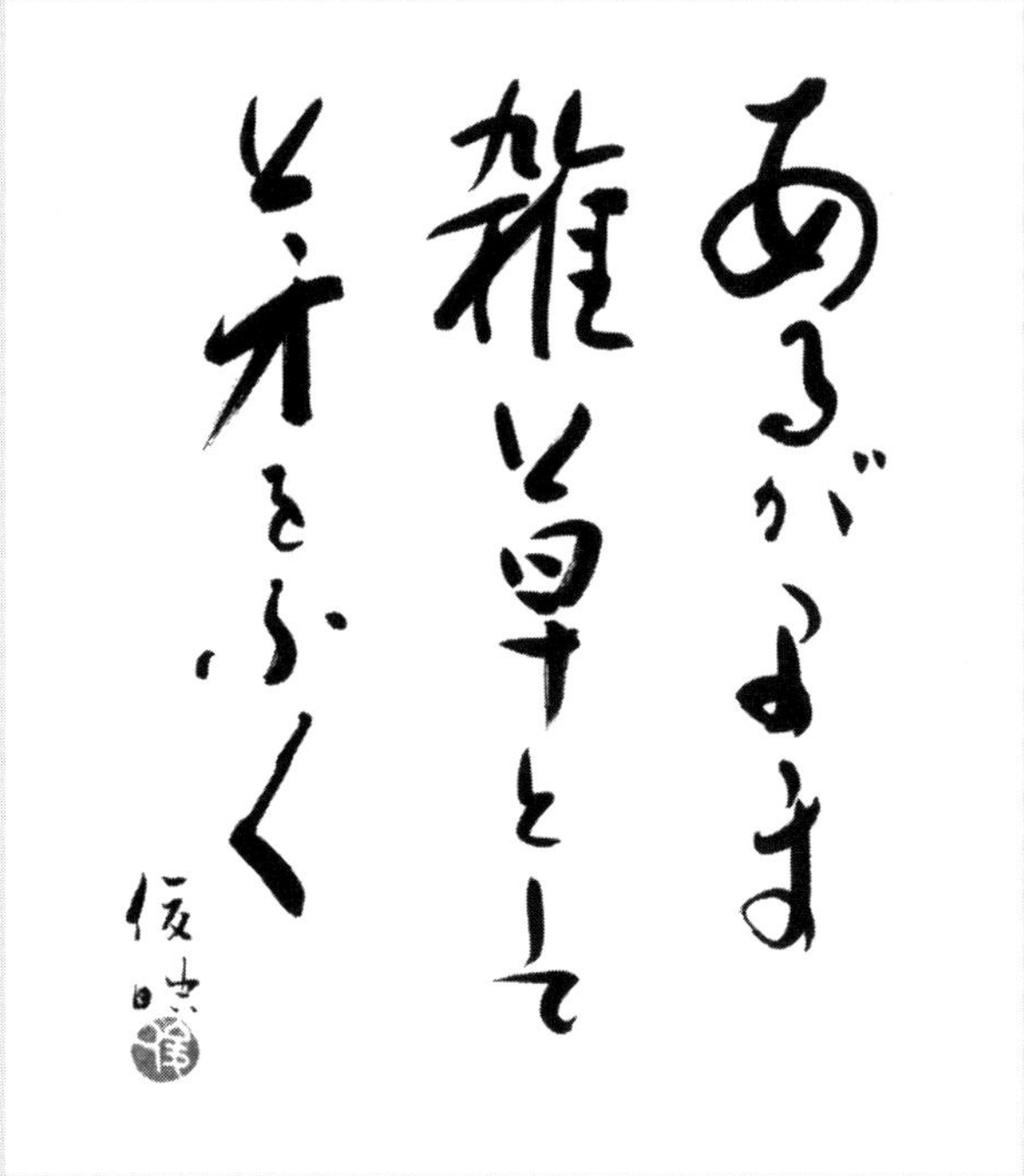

二十一

あるがまま雑草《ざっそう》として芽《め》をふく

潔い人生とは

どちらも良くて、にわかに甲乙つけがたい時、——いずれアヤメかカキツバタ、などといわれる。そうした話題に、待てど暮らせど、肝心の自分の名前が登場しない。

しかし、こんな場合、どうせオレやワタシは名もない雑草よ、と、すねたりしないほうがいい。居直るわけではないが、雑草なら、雑草の自覚というものを強烈に持ちたい。

作務《さむ》の一休みに、草むしりした雑草にふと見入ることがある。一口に雑草とはいうけれども、その一つ一つの色や形は個性的で、なかなか味わい深い。

そして、それより何より、実にしぶといのだ。その気になれば、雑草に学ぶことは山ほどもある。

この句は、漂泊の俳人・種田山頭火の作だ。これに関連して、つぎのような語録がある。

私は雑草的存在に過ぎないけれどそれで満ち足りてゐる。雑草は雑草として、生え伸び咲き実り、そして枯れてしまへばそれでよろしいのである。

他と比較せず、自分が自分としてあるがままに芽をふき、生え伸び咲き実り、そして、枯れる。これもまた、はなはだ潔《いさぎよ》い。

そうした人生に、悔いなどあるだろうか。

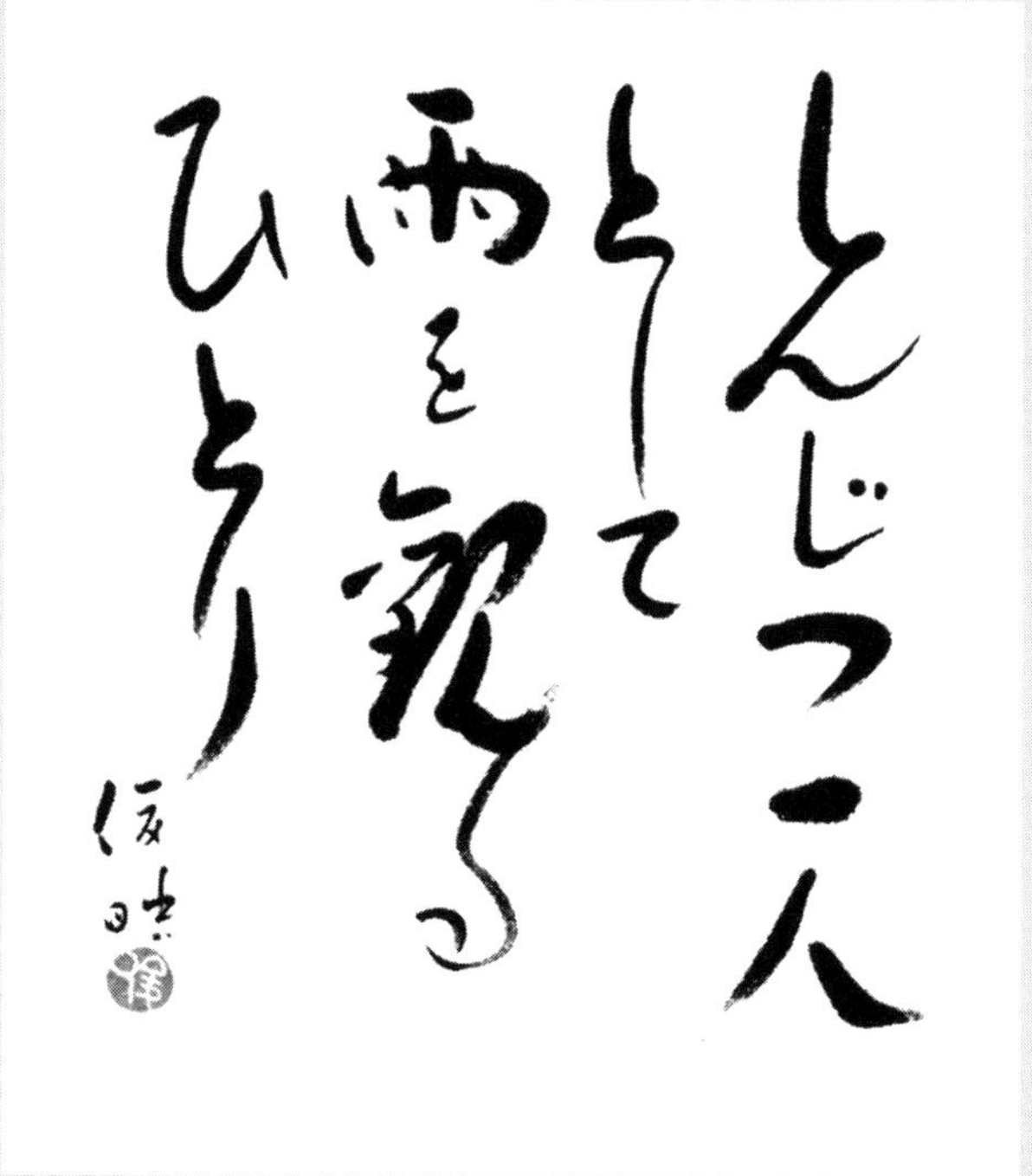

二十二

しんじつ一人として雨を観るひとり《しんじつひとりとしてあめをみるひとり》

自己と真正面から向き合う

日本人は、とかく群れたがるといわれる。だからかどうか、一人旅だというと、——何かあったのか、と気を回される。

世は比較の中で明け暮れているから、皆、疲れている。そこで、たまには一人になって、比較することの少ない非日常の時空に自分を投げ出したい――。とは誰しも思うことだ。「ひとり」は、自己と真正面から向き合う絶好の機会だ。

しかし、一人になりきることは簡単なようで、実はなかなかできない。携帯電話なぞというものもあるから、つい友だちと喋ったりしてしまう。

世はまた饒舌の中で明け暮れているから、どの心も皆、干上がっている。たまには沈黙して潤いを取り戻したい。一人になって黙《もだ》せば、わが目は自ずから内に向かって、自己検証もできるだろう。

この句は、漂泊の人生をおくった種田山頭火の作。雨を観るというが、おのれの有体《ありてい》をみつめているのだと思う。

ただ、この句作の一方で、

いうぜんと飲み、たうぜんと酔ふ、さういふ境涯を希《ねが》ふ。……ひとり、しづかに、おちついてあることが出来ないのか、あわれな私ではある。

と正直に述懐している。

それだけに、「ひとり」になることの大切さが浮かび上がってくる。

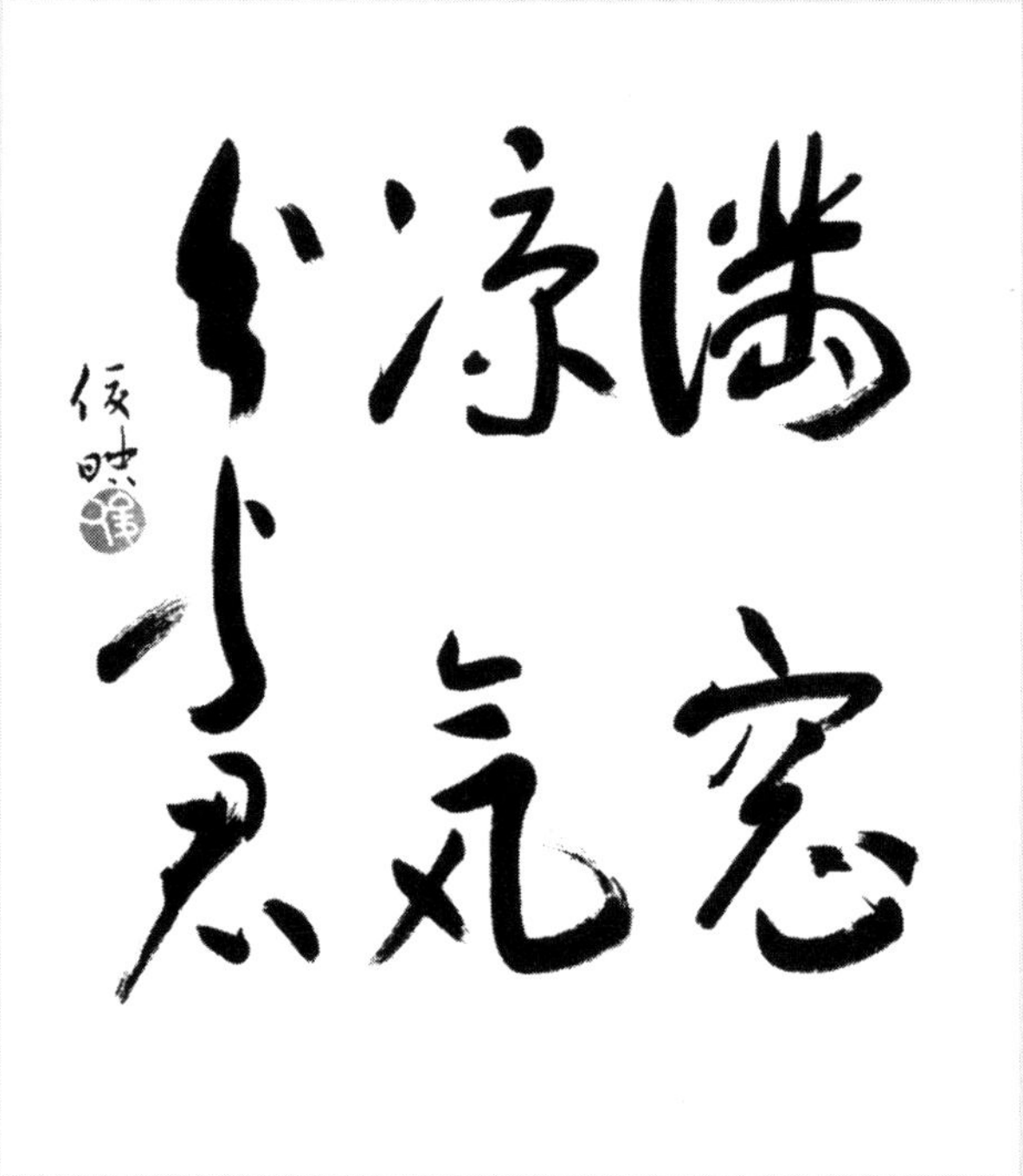

二十三

満窓涼気分与君《まんそうのりょうき きみにぶんよせん》

私たちは、持ち過ぎである

カッと照りつける太陽——。暑くてかなわん、と、へばる人も多い。空調で柔《やわ》になってしまった肉体に、夏の暑熱は耐えられない。

加えて、物が、情報が、寄せては返す浦の波ではなく、一方的に押し寄せてくるから、なおのこと暑苦しいのだ。

私たちは、何もかも、持ち過ぎだ。あれもこれも、と手を出しているうちに、自縄自縛。ついに身動きがとれなくなっている。もうこの辺で、少しは整理したらどうか——。一瞬にして、心に清涼の気がみなぎるだろう。

良寛の五合庵に、親しい竹丘《ちくきゅう》老人が訪ねてきた。良寛さん、さっそく漢詩一篇——。

樹上の蝉声《せんせい》、嵒下《がんか》の水（嵒は、岩）
夜来の過雨《かう》、煙塵《えんじん》を絶つ
云うなかれ、菴中《あんちゅう》に一物《いちもつ》なしと
満窓《まんそう》の涼気《りょうき》、君に分与せん

お前さまのいおりは、ものの見事に何もないのう。それでよう、やっとるなあ。いやいや、ご老人。そのように言わぬものじゃ。なるほど、つまらぬものは一切ござらぬ。が、それだけに、清々しい気配だけは、たんとありますぞ。なに、お気づきでない？　ささッ、分けてしんぜましょう……。

物の豊かさと効率ばかりを追い求めたら、いよいよ息苦しくなるはずである。

二十四 心遠地自偏

こころとおければ　ち　おのずからへんなり

町なかでも町はずれ

都市部のマンションからマンションに住み替えしただけの知人から、――大隠《たいいん》は市井《しせい》に遁《のが》る、といいまして……、という住所変更の通知をもらった。

人の世の喧騒や煩わしさに疲れてくると、人里離れた閑静なところでゆったりと暮らしたい、とは誰もが思うことだ。しかし、それは「小隠は山中に遁る」といって、いにしえの中国では、けっして上等扱いしない。なお市井（町なか）に留まる人こそが上等、大隠と考えるのだ。

それで思い起こすのが、陶淵明《とうえんめい》（三六五～四二七）の漢詩「飲酒」の冒頭だ。

廬《いおり》を結びて人境《じんきょう》に在り。
しかも車馬の喧《かしま》しき無し。
君に問う、何ぞよく爾《しか》ると。
心遠ければ、地、自ずから偏《へん》なり。

町なかに生活していても、喧騒なぞ一向に気にならない。なぜそうなのか、と陶淵明は自問して、「心遠ければ……」の自己の境地を大きく示している。「偏」とは外周。この場合、町はずれの意味。――陶淵明の関心が、もはやチマチマした世のことどもから遠く離れている。そこで、市井暮らしで充分のどかなのだ。

近年、中高年登山がブーム。皆ゆったりと山登りを楽しんでいるはずが、中には、自慢や競争の輩がいるとか。山中で小隠にさえなれぬとは、嗚呼《ああ》。

二十五

天地衾枕《てんちはきんちんなり》

天と地との間に在る自分

年が改まると、毎年のことだが、新しい一年、こんなこともやりたいし、あんなこともしてみたい。あんなふうにもなりたい。と、思う。私たちの願いごとは尽きない。

しかし、思ってもみなかったことが、次々に起る世の中だ。とにもかくにも、穏やかな一年であれかし。それが、誰しもの切なる祈りにちがいない。

これは、李白の漢詩「友人会宿」の一句――。親しい友と鄙《ひな》びた湯宿にでも出かけ、一夜グビグビ飲《や》れば、溜りに溜った愁いも、コッパミジン。

いい月影の今宵は、生計《たつき》の身ごしらえなんぞサラリと脱ぎ捨て、思う存分、語り合おうではないか。夜は長い。清談、ときに人の噂話もよかろう。でも――。

酔い来って空山《くうざん》に臥《ふ》せば
天地すなわち衾枕《きんちん》なり

酔っ払って、人気《ひとけ》のない山の宿に一たび臥し眠れば、天と地とがそのまま布団と枕だ……。

もとより、私たちは天地の間にある。が、そんな自然の中という感覚も意識も、はっきりいって乏しい。唯《ただ》ただ人の世にあくせくして、視野狭窄に陥り、つい天と地との間にあることを忘れるのだ。

そんな頑《かたく》なな心をほぐし、天は衾《ふすま》、地は枕とおもえば、気宇も壮大だ。

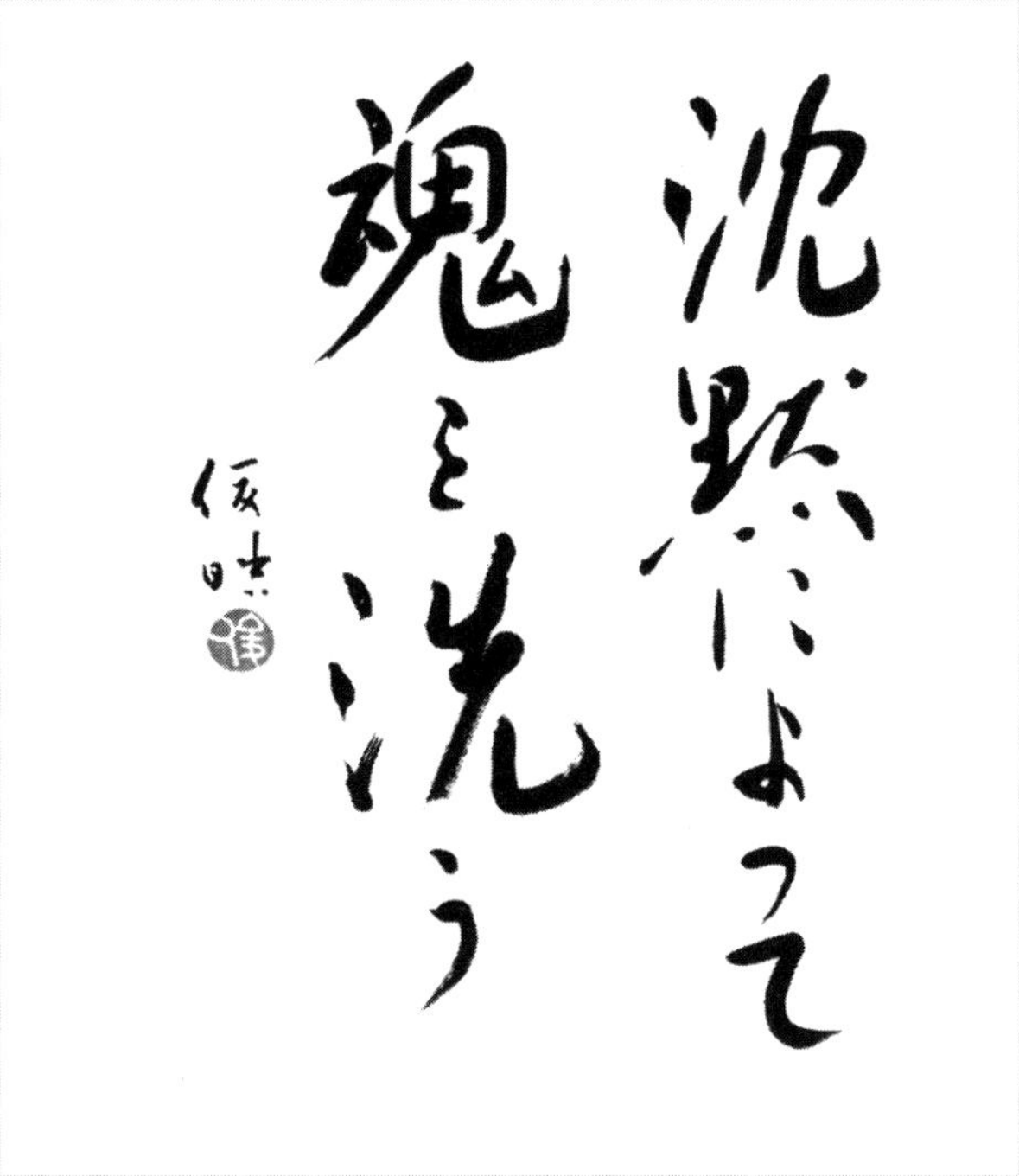

二十六

沈黙《ちんもく》によって魂《たましい》を洗《あら》う

自分の言葉が自分を汚す

喧騒と饒舌の時代だ。世は、光と音のページェントにあふれ、人はとにかくペラペラと喋る。けしからん、と一概にはいえない。どんちゃん騒ぎも、あらんかぎりの語彙を費やして熱く語ることも、あっていい。そういうの、好きである。ただ、それも、静寂と沈黙があっての話だ。

十を知って一を語ればいいものを、一を知って十を語れば、軽薄・軽率のそしりは免れない。まして、一をも知らず十を語れば、不実の申し立てだ。過日、民主党を揺るがした偽メール問題は、さしずめその典型であろう。

紙のごとき軽い言葉も、罵詈雑言のあることないことも、いうだけいえば、それで終わりなのか。

きれいさつぱりいふだけ云つて　かへれあ《帰りゃ》頭に　上る酒

という都々逸もある（蘆江歌集）。それで、ハイ終わり、とはいかないのだ。

後で酒が頭に上るくらいなら、放っておいてよい。が、自分の口から出た濁りのある言葉の群れが、他でもない自分の心に澱み、心を汚すとしたら、どうか。

インドが生んだ東洋の詩聖タゴール（一八六一～一九四一）は、

死んだ言葉の塵がお前にこびりついている、

沈黙によってお前の魂を洗え。

と、聞き捨てならぬことを述べている。黙《もだ》すことを、学ばなければならない。

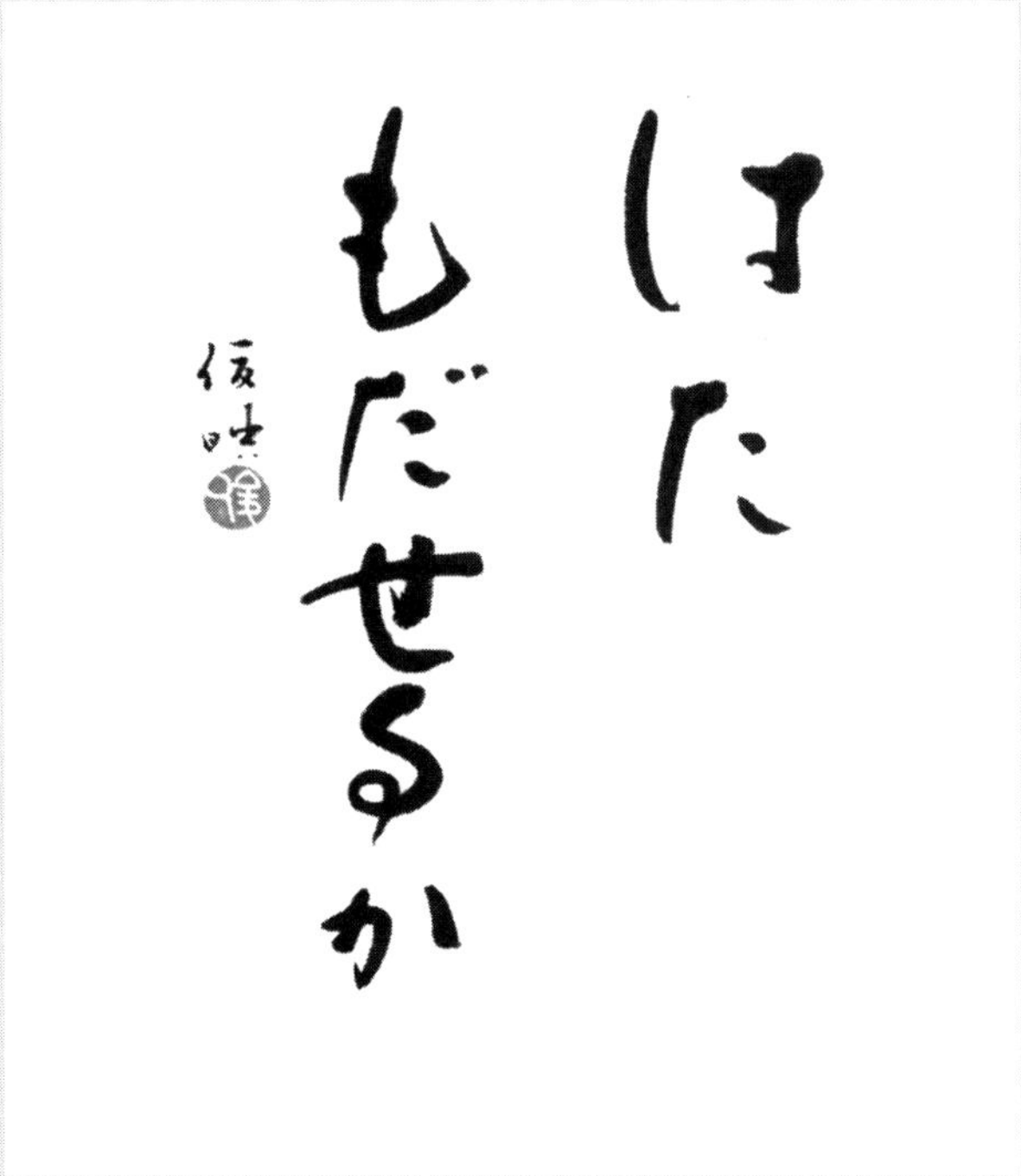

二十七　はたもだせるか《はたもだせるか》

沈黙の意味

戦後七十年も過ぎた。すでに戦中・戦後の体験が風化して久しい。が、その一方で、靖国問題が喧々諤々《けんけんがくがく》だ。

国内の諸説ふんぷんに、近隣国の口出し——。近代史を避けて通りがちな日本と、その過去にこだわりつづけ、なお、それを政治カードとして利用する近隣国という構図だ。そんなかまびすしい状況では、亡き人々への供養も、じゅうぶんに果すことができない。

「黙禱」というのがある。考えてみれば、すばらしい祈りの方法である。主義主張の喧々諤々を、ともかくも一時停止。一同、黙《もだ》す中にこそ、亡き人々への弔意も供養も大きく成就するのだ。要は、死者と生者との、沈黙の共有なのだ。

筆者は夏になると、日本戦没学生の手記『きけわだつみのこえ』や、神坂次郎『今日われ生きてあり』を読み返す。前著のタイトルは、

なげけるか　いかれるか　はたもだせるか　きけはてしなき　わだつみのこえ

の短歌からつけられたという。このなか、「はた(それとも)もだせるか」の一句が、何とも重い。

二十三年世はままならぬ事ありと深く知りつつ糸を垂れたり(井上長《ひさし》)

この人は、このように詠んで逝った。自らの運命を深い沈黙の内に受け止めたのだ。折にふれて、沈黙の意味を考えたい。

第二章　ままならぬことは、まかせよう

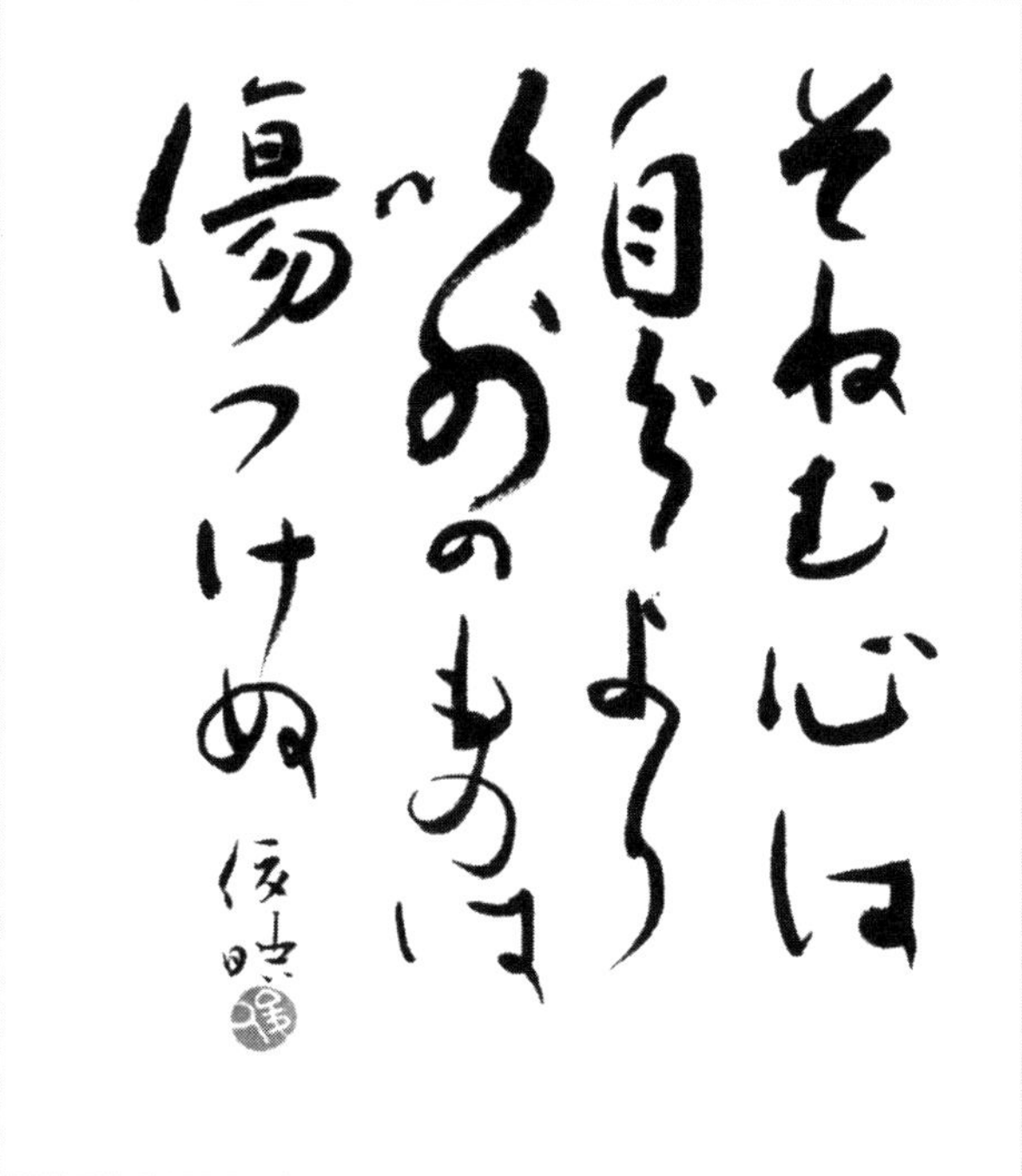

二十八

そねむ心は自分より
以外のものは傷つけぬ
そねむこころはじぶんよりいがいのものはきずつけぬ

人に振り回されるな

堀口大学（一八九二〜一九八一）といえば、近代フランス詩の清新な日本語訳『月下の一群』が想い起されるが、ここに取り上げたのは、自作の詩「座右銘」。「そねむ心は」の

前に、

暮しは分が大事です　気楽が何より薬です

とある（傍点、引用者）。「そねむ」とは、ジェラシー。何ともイヤなものだが、心のはたらき色々あれど、その使用頻度はすこぶる多い。

それは端的にいって、私たちの日常が、比較のなかで営まれているからだ。私たちはなぜか、オレはオレ・ワタシはワタシとはいかない。何かにつけて他と比較するのだ。人は皆、おおかた自己中心的だが、実は絶えず、他の何ものかに揺さぶられてもいるのだ。次の川柳がするどい。

隣の家に蔵が建ちゃわしゃ腹が立つ

あなうれし隣の蔵が売られゆく

同じはずが、お隣が急に懐具合がよくなった。といっても、ケシカランとどなりこむわけにもいかない。怒りは内向して、どす黒い嫉妬の鬼と化す。が、そのうち、お隣もあえなく没落。自ずと溜飲も下がって、実に愉快……。

こんなに他の動向に振りまわされて、いいのか。心は乱れるし、溜飲とともに品格も下がるというものだ。分とは、「他と比較しない自分」ということ。

二十九　本来美《ほんらいび》なるものはなく

美醜に固執しない

九世紀頃のインドに、ナーラーヤナが著した『ヒトーパデーシャ』（金倉圓照、北川秀則・訳、岩波文庫）という世俗教訓の書がある。そのなかに、つぎのような短詩がある。

本来美なるものはなく、
本来醜なるものもなし。
人それぞれの好みもて、
美醜は極《き》まるものなれば。

人間行動の規範は古来、真・善・美といわれる。いずれ欠かせぬ項目だが、美意識を欠いた人生は無残である。何が美しくて何が醜いのか——。それを決めるのは本質的に、個人に属するのだという。だから、美醜の問題は、人それぞれの感性に任す他はない。

好みが違えば、美しいものも違う。人は人、ワタシはワタシである。——わかっているというけれど、私たちはつい、それをごっちゃにして押しつけて得意がり、押しつけられて迷惑するのだ。

しかし、それにしても、そういう美醜が本来のものでもないことを、ナーラーヤナが喝《かっ》破《ぱ》している。実は、この指摘の方が重要だ。

考えてみれば、好みというのは、その時々によっても変わる。美しいと思うものが、いつまでもそうだとはかぎらない。そうであれば、これは美だ醜だと固執するのでなく、むしろ、その美と醜の隘路《あいろ》に、目を向けてみてはどうだろうか。

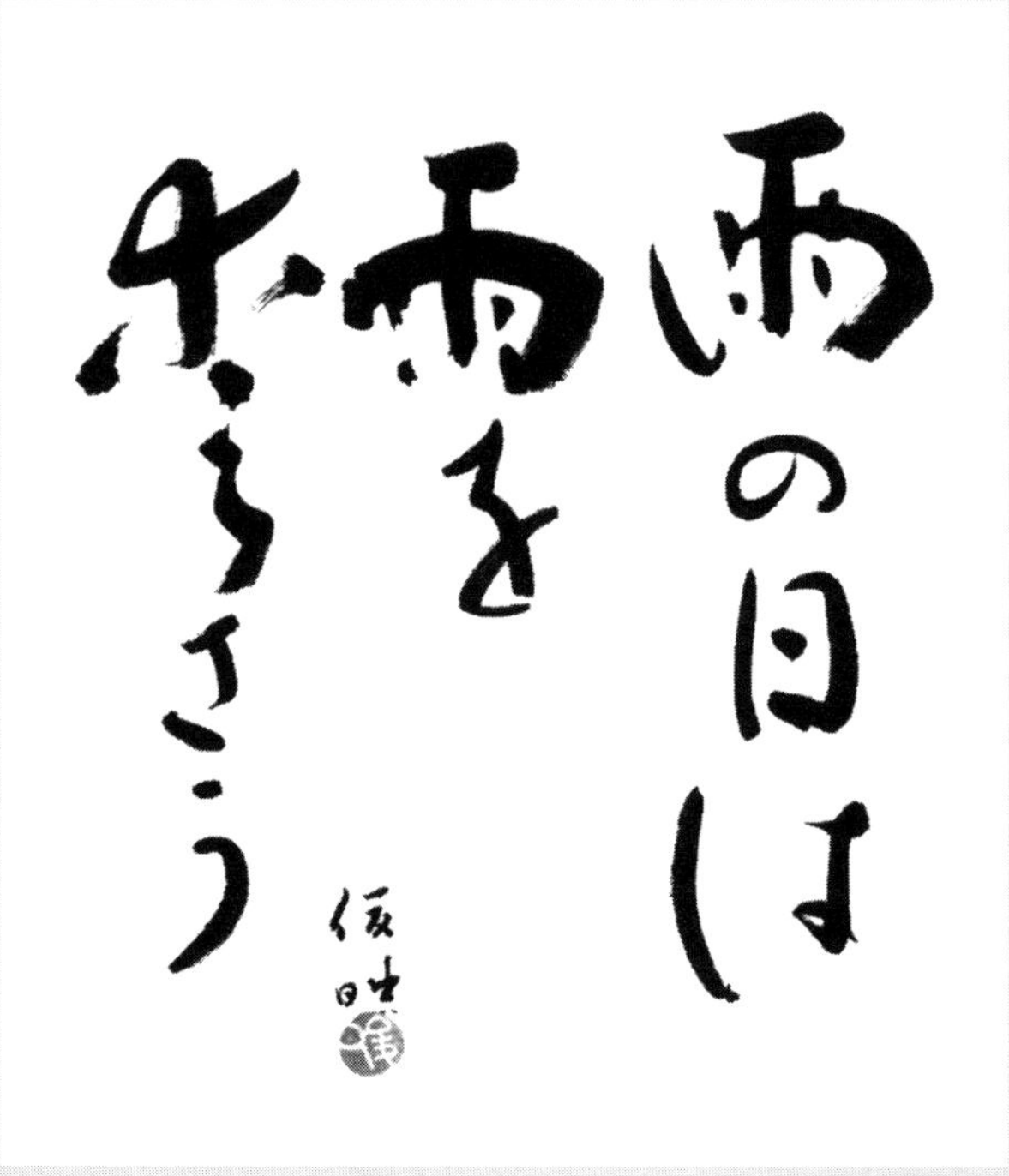

三十

雨の日は雨を愛さう《あめのひはあめをあいそう》

比較しない生き方

雨にとっていい趣《おもむ》きの、晴耕雨読という言葉もあるが、正直にいって、雨の日は気分が重い。が、雨も風も、はたまた大地の揺れも、すべては自然の成り行きである。

私たちにできることは、それらをそのまま受け止めるだけだ。――というけれど、じっさいはそうもいかない。それにしても、どうして雨を嫌うんだろ。人間、七十パーセントは水だというのにね。

堀口大学は、四行詩「自らに」で、つぎのようにいう。

雨の日は雨を愛さう。
風の日は風を好まう。
晴れた日は散歩をしよう。
貧しくば心に富まう。

雨を愛し風を好む……というのは、自然の一員としての人間の、自然にまかせた屈託なき生き方だ。そのためにも、まずは発想の転換だ。――雨がシトシト降る日も風の日も、そっとそれに寄り添っていくならば、今まで気づかなかった新しい風景が展開するだろう。

最後の一行は、そういう日常から自ずから導き出される生き方だ。比較相対の世の中だけれど、だからこそ、こせこせ比較しないのだときめたら、その瞬間から、また風景がちがってくるだろう。心に富むとは、そういうことではないか。

三十一

一点の素心《いってんのそしん》

心に誇りを秘めて生きる

人の世は、欠点だらけの人間が運営するのだし、その多くが打算がらみだから、つまらぬことが山ほどある。あまりのバカバカしさに、もう沢山だッ、と吐き捨てたくなることも少なくない。

が、ほのぼのと心温かくなることも、もちろん、ある——。人は、それに出会うためにこそ生きているのだろう。

そうであれば、どんなに奇妙な世であれ、自分自身、心温かきものを醸し出す者でありたいし、人との交わりにも、また、意を用いたいではないか。中国・明代の処世訓『菜根譚』に、つぎのような一文がある。

友に交わるには、須《すべか》らく三分《ぶ》の侠気《きょうき》を帯ぶべし。人と作《な》るには、一点の素心《そしん》を存するを要す。

——世は利害得失・打算によって動くけれど、友人との交際では、少なくとも三分の義侠心は持ち合わせるべきだ。また、自分自身、人としての成長を願うのであれば、どんな状況であれ、一点の素心というものがないといけない。

一点の素心とは、何ものにも汚されない清々しさだろうか。それは言い換えれば、人としての誇り、あるいは、矜持《きょうじ》ということかも知れない。そして、それを心に秘める者だけが、心温かきことに出会い、真《まこと》の人になっていくのであろう。

三十二

握拳《にぎりこぶし》はない

道を極めた人は、隠さない

釈尊は生前、ガンジス河中流域のそこここの町や村を訪れては、しばらくすると移動し、定住しなかった。まあ一生、旅の空だったといえるが、最後の旅の道すがら、侍者の阿難陀《アーナンダ》に、つぎのように語ったという。

わたくしは内外の隔てなしに（ことごとく）理法を説いた。……何ものかを弟子に隠すような教師の握拳《にぎりこぶし》は、存在しない。（『ブッダ最後の旅』岩波文庫）

とかく宗教は、秘伝とか口伝などといって、勿体《もったい》をつけたがる。が、そんなつまらない隠し立てを、仏教はしないのだ。――教えはもはや、わけ隔てなく明らかにしてある。あとは、お前さんたちが、やるかどうかだよ……。

いつだったか、友人が届けてくれた『調理場という戦場』という本に、同じようなことが書いてあって、感じ入ったことがある。

それは、東京三田の「コート ドール」のシェフ斉須政雄《さいすまさお》さんの著書で、「ぼくは常に手の内を見せています。」というくだりだ。

どの道でも、極めた人・極めようと真実一途な人は、隠したり意地悪したりしないのだ。あるいは、そのようにオープンな人だけが、道を極めるのだろう。

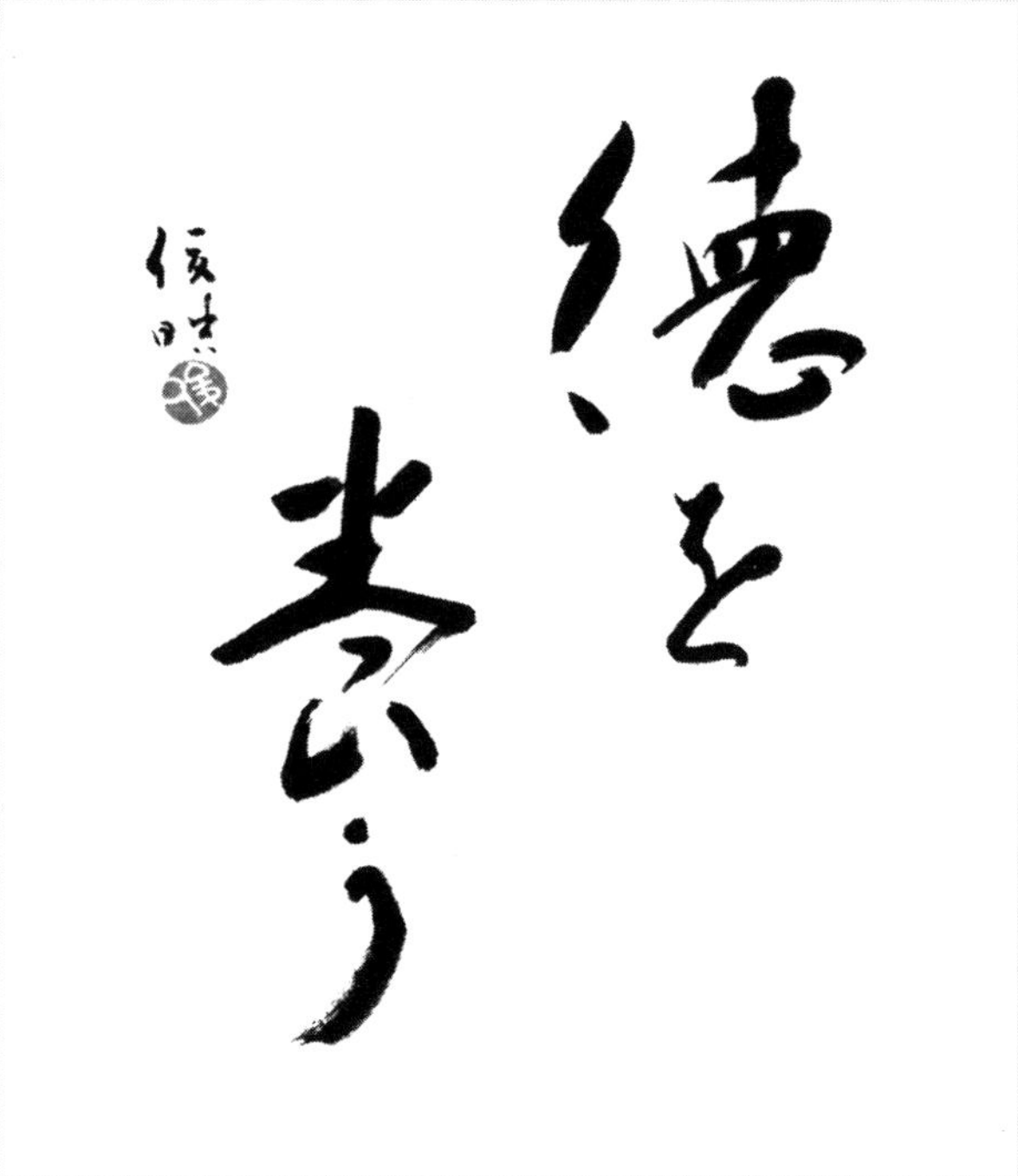

三十三

徳《とく》を養《やしな》う

わが身をこそふり返れ

いま、教育再生がかまびすしい。その問題意識自体はけっこうだ。が、教育をめぐる制度や仕組みをいくらいじっても、ダメなんじゃないか。受験々々へと草木もなびく――、そこを突き崩す以外に、再生はない。

科目の履修はともかく、人間性を育むのが教育の重要なテーマであるならば、徳育ということが大きく取り上げられなければ、ウソだろう。そこで、「徳」の何たるかを確認しておきたい。

『菜根譚』前集一〇五に、つぎのような一文がある。

人の小過《しょうか》を責めず、人の陰私《いんし》を発《あば》かず、人の旧悪《きゅうあく》を念《おも》わず。三者、以《もっ》て徳を養うべく、また以て害に遠ざかるべし。

——他人《ひと》のちょっとした失態を事々しく責めたてず、他人のそっとしておきたい隠し事をあばかず、そして、他人の旧悪なぞいつまでも執拗に覚えておかない。これら三つによって、いわゆる徳というものが養われるし、また、つまらぬ恨みも買わずにすむのだ。

実に、端的で有益な解説だ。

私たちはどうしても、他人の小過・陰私・旧悪に目がいく。そこをふんばって、むしろ、わが身をこそふり返る——。そこに徳が養われ、同時に、人の恨みも買わなくてすむという。まさに、一石二鳥。

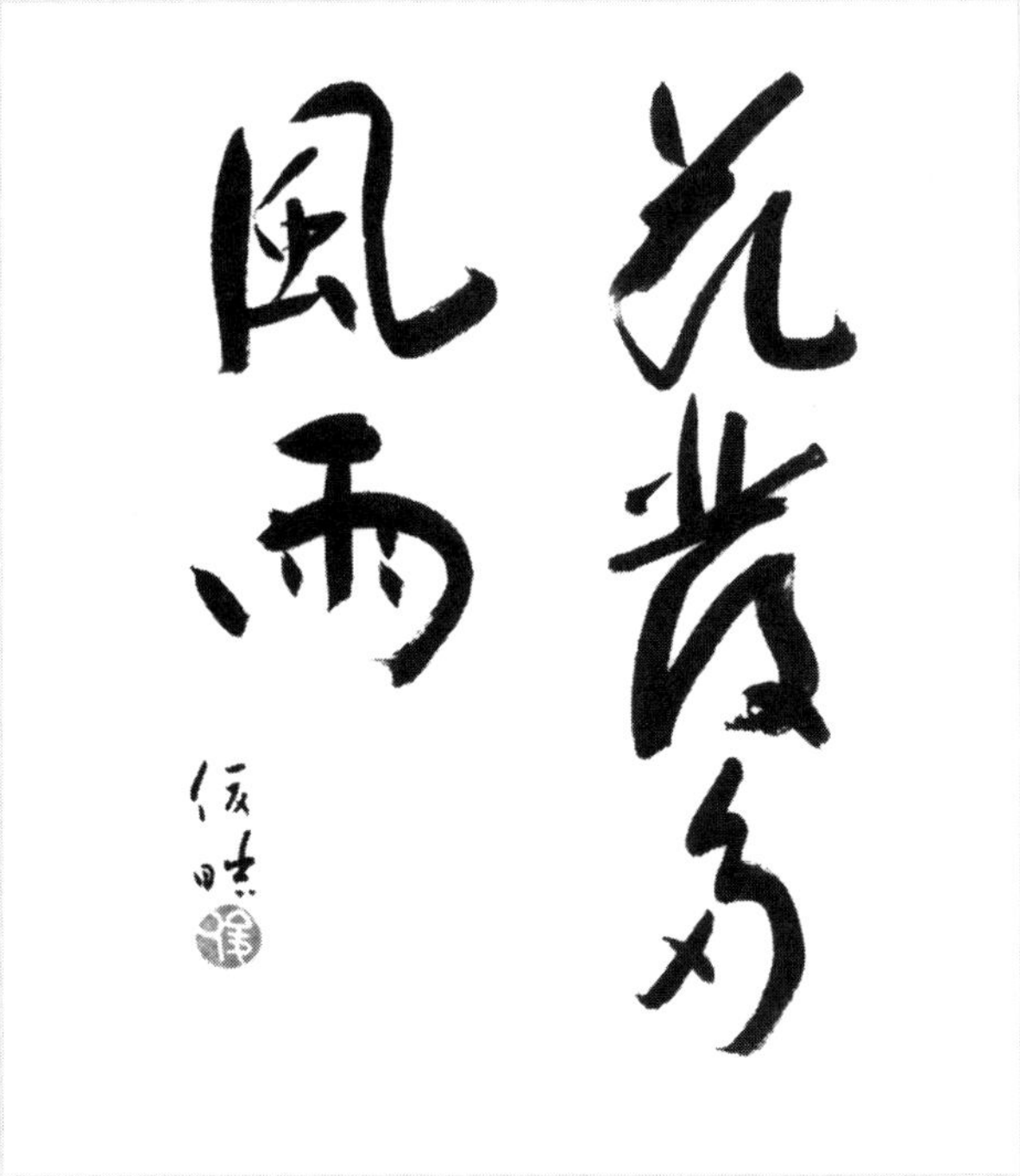

三十四

花発多風雨《はなひらけばふううおおし》

明日はもう会えないとしたら

温暖化といっても、冬の寒気はやはり厳しい。それだけに、春よ早く来い、の心境を誰もが共有している。暖かい陽ざしの下、桜の花を見上げれば、寒さに追われてせかせかした足取りも、自ずからゆったりとするだろう。
が、無情にも、花どきの天候は、きわめて悪い。文字通り、花に嵐である。晩唐の詩人・于武陵《うぶりょう》は、次のようにうたっている。

君に勧《すす》む　金屈巵《きんくつし》(＝盃の一種)、
満酌《まんしゃく》　辞《じ》するを須《もち》いず。
花発《ひら》けば　風雨多し、
人生　別離足《た》る。

この漢詩に、かの井伏鱒二が名訳をほどこしている(『厄除け詩集』)。

コノサカヅキヲ受ケテクレ　ドウゾナミナミツガシテオクレ
ハナニアラシノタトヘモアルゾ　「サヨナラ」ダケガ人生ダ

この中、――花に嵐のたとえもあるぞ／サヨナラだけが人生だ、の下二句が独り歩きして、よく知られている。どんなに生に執着しても、そのうち次世に旅立つのだし、なんでもありの世の中だ。いつ来るかわからぬ人との別離は、心のどこかでいつも覚悟していた方がいい。
明日はもう会えないとしたら、つまらぬ意地なぞ、お互い張れないではないか。

三十五

武火文火《つよびとろび》

何事も加減が大事

十八世紀、清《しん》を代表する文人のひとり袁枚《えんばい》は、食いしん坊だった。有名な『随園食単《ずいえんしょくたん》』の一書がある。

隋園とは、南京郊外の景勝地に求めた邸宅の名。袁氏は、前に大きな池があり、渓流を望む邸宅をたくみに経営し、しばしば友人を招いて詩酒の宴を催した。

『食単』の冒頭、予備知識や警戒事項の記述がある。たとえば、

味は濃厚《こってり》を要するが、油膩《あぶらこく》てはいけない。味は清鮮《あっさり》を要するが、淡薄《みずくさく》てはいけない

（青木正児・訳、以下同）。

なかなかウルサイが、また、

清鮮とは真味が出て俗塵のないことをいうのである。もしいたずらに淡薄を貪るならば水を飲むに越したことはない。

ごもっとも、という他ないが、さて武火文火である。物を煮るには火加減が第一だが、「武火（つよび）」でないといけないのに、「火が弱ければ物が疲れる」。一方、「文火（とろび）」にしなければならないのに、「火が強いと物が枯れる」という。そして、「先に武火を用いて、後に文火を用いるものもある」。

素材が疲れる・枯れるとは、実に興味深い。人を指導するのも、仕事の進め方も、そして自己のありようも、こうした武火と文火の火加減だ。もとより、火を落して熟成させるものもあるだろう。

三十六

君看衣裏珠

きみえりのたまをみよ

いいものは近くにある

『法華経《ほけきょう》』は、諸経の王といわれる。果たして、構成がじつに巧みで、興味深い喩《たと》え話も、わんさとつまっている。そうそう、私たち日本人に親しい観音さんのお経も、この法華経の第二十五章だ。

本経に、「衣裏《えり》宝珠の喩え」というのがある。——友人宅で酔いつぶれた男がいた。友人は、その男に高価な宝石を渡すつもりでいたが、急用ができて遠くへ行くことになった。それで、ちょっと思案して、男の衣服の裏に宝石を縫い付けたのだが、くだんの男はそれに気づかず、その後、困窮をきわめた……。この場合、友人とは仏、男は私たちのことだ。

私たちは、何かといえば、いいものは遠く離れたところにあるんじゃないかと思ってしまう。少なくとも、隣のバラは赤く、隣の芝生は青いのだ。

——そうじゃない。もっと自身を、自己の日常というものを見つめたらどうか。自分の心の中にこそ、自己を大きく成長させるものが備わっているではないか、というのだ。

それが、たとえば、五根五力《ごこんごりき》という心のはたらきだということは、後に、第四章の「五根五力」で紹介した。そうした衣裏の珠を看よ、とは良寛の語。気づけば、磨くこともできるだろう。

三十七

長途一蹶《ちょうといっち》

つまづいたって、いい

天平勝宝《てんぴょうしょうほう》四年（七五二）の第十二回遣唐使で入唐《にっとう》し、長期留学した学問僧に行賀《ぎょうが》という人がいた。のちに興福寺の第三世別当《べっとう》となり、また、当時の宗教行政のトップを勤

めた。

無事帰国した行賀は、留学の成果をきびしく問われ、返答に窮した。当然、——長い間何をしていたのだ、学問の素養なしッ！　と面罵され、不覚にもポロリと涙を流したという。

この世は毀誉褒貶がつきものだが、行賀を派遣した時の政府が示した見解は、つぎのようなものだった。

長途《ちょうと》の一躓《いっち》、何ぞ千里の行を妨げん……。

このたびの口頭試問は、たしかにぶざまな結果だった。が、それもいってみれば、長い道のりの中の一つの躓《つまづ》きだ。その小さな失敗一つで、今後この人が進めていくであろう大きな仕事を妨げてはならない……。

実に好意的な見解だ。天平の世は、私たちが想像する以上に過酷な時代だが、それでいて、こういう取り計らいなのだ。ひるがえって、私たちの社会は、一度つまずいたら大変だ。天平の世に学ぶことは多いのではないか。

なお、涙した行賀のエピソードは有名で、井上靖はそれに取材して、短編『僧行賀の涙』を著している。

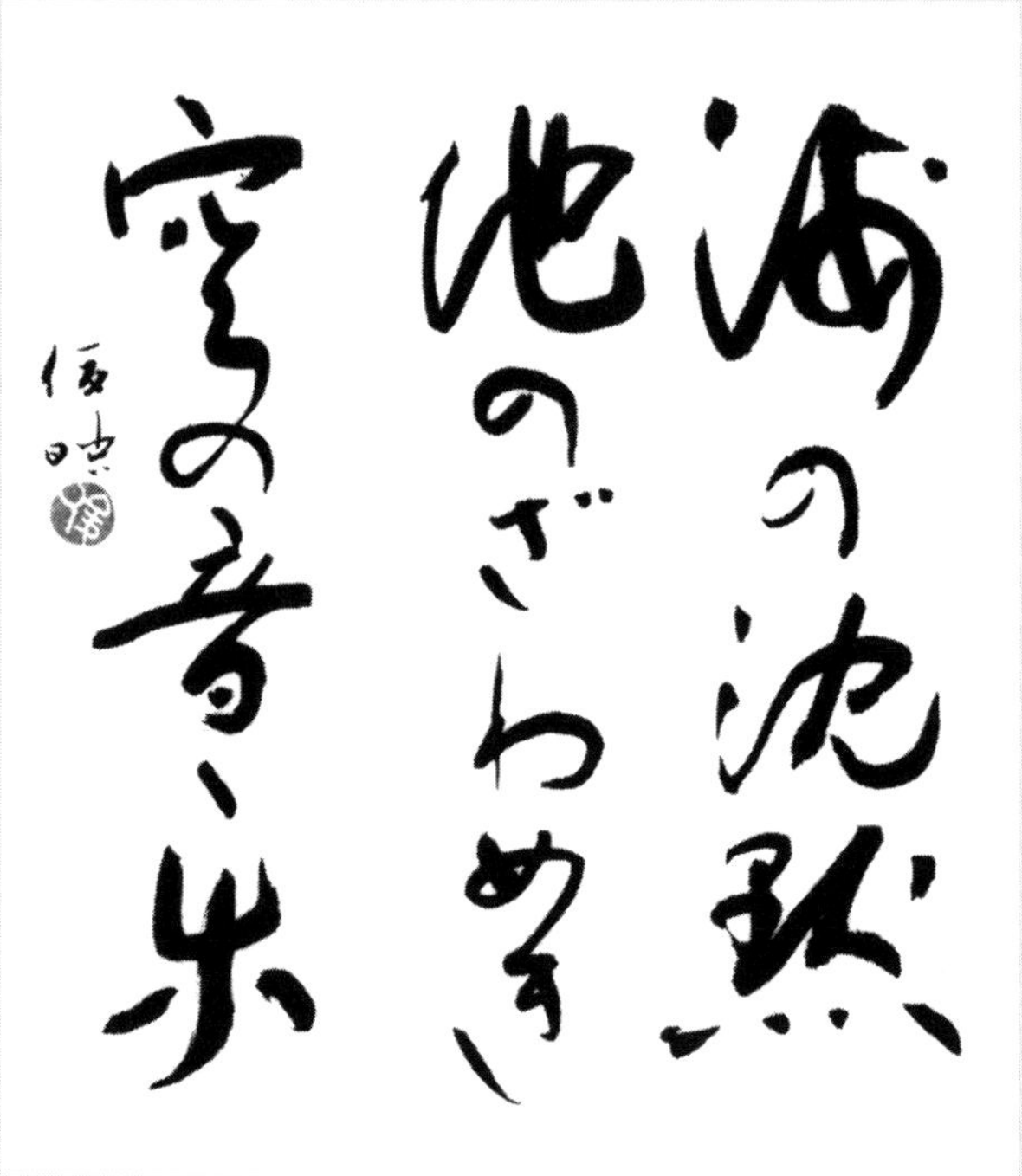

三十八

海の沈黙《うみのちんもく》　地のざわめき《ちのざわめき》　空の音楽《そらのおんがく》

多面性を見つけよう

東洋の詩聖タゴールに、
水に住む魚は黙し、地上の獣はかしましく、空の小鳥は歌う。しかし、人間は彼の中

に海の沈黙と地のざわめきと空の音楽とを持っている（山室静・訳）

というのがある。

タゴールにしてはきわめて短い詩で、むしろ語録というべきかも知れない。しかし、いずれにしても、この人間観をごらんあれ、だ。

私たちの日常は、いうまでもなく、さまざまな人間関係の中に展開している。そうしたとき、相手の一人ひとりを「アレはこういう人間、コレは……」と見定めて、その応対を考えている。これはほとんど意識せずに行われるから、自然といえば自然、普通といえば普通だ。

しかし、このタゴールの語録に照らせば、どうか。私たちの日常は、そうとう一面的な展開に終始しているという他はない。しかもなお、ふり返れば、特に中途半端に親しい人ほど、この傾向にあると感ずる。これは放置できない。

それというのも、ちょっと親しい人というのが、実は、人間関係の中で一番比率が高いのだ。そこが一面的なのは、要するに、〈わが人間関係〉が貧素だというに等しい。他者の多面性の発見は、当然、自己の豊かさにも反映するのだ。

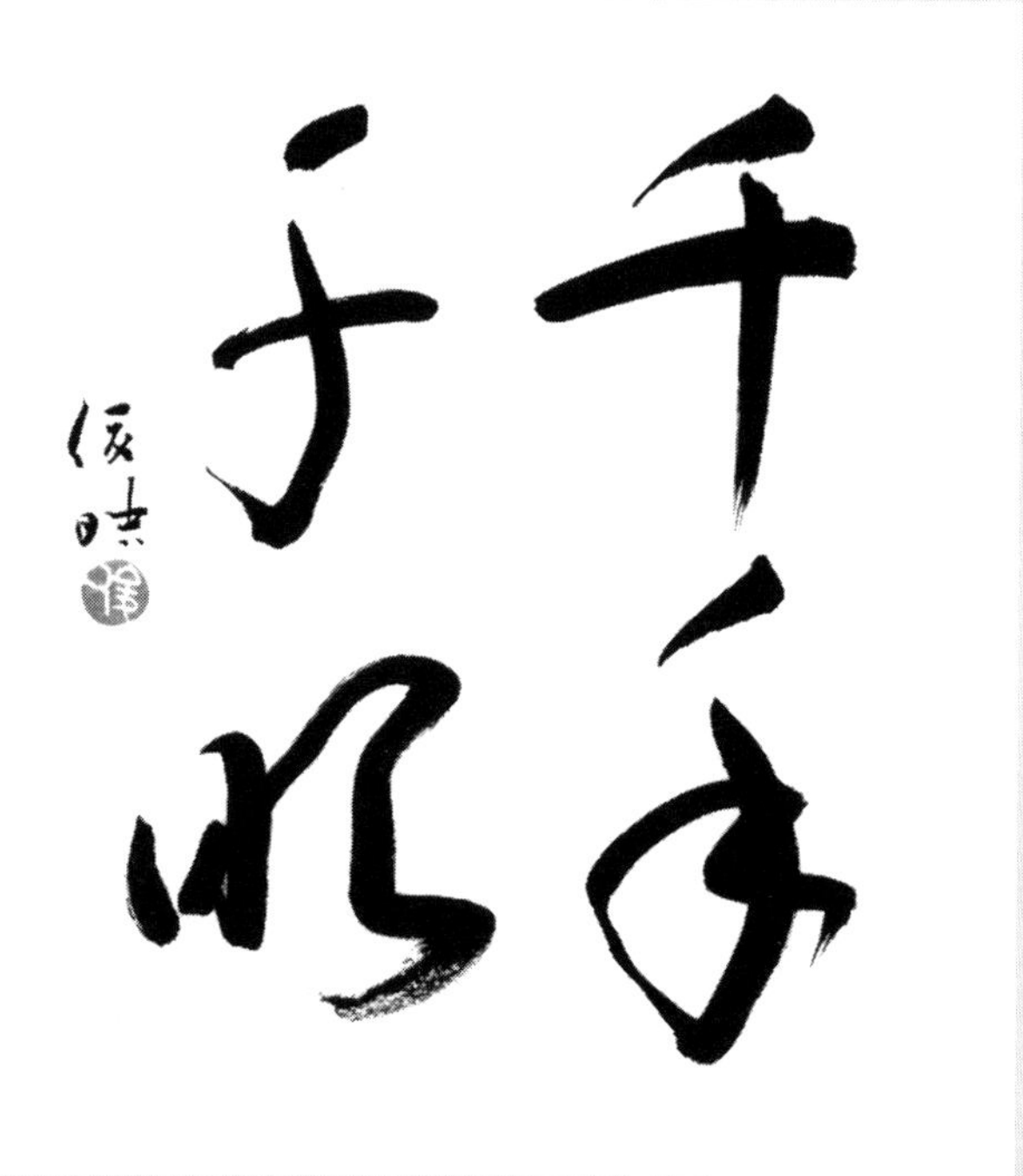

三十九

千手千眼《せんじゅせんげん》

たくさん持っている方がよいもの

一口に観音さんといっても、その像容はさまざまだ。基本型の聖《しょう》観音は一面二臂《ひ》、つまり、人間と同じで一つの顔と二本の腕をもつ。が、しだいに多面（または多目《たもく》）多臂のスガタに造られていった。

それはおそらく、あざやかに救済されたい、という人間願望のなせる業だったにちがいない。

この多目多臂の極めつけが、千手観音だ。実は、千の掌《てのひら》には、おのおの一目が描かれている。そこで、正しくは千手千眼観音と呼ぶ。

千の目というあらゆる角度からの人間観察で、その苦しみ・悩み・憂いなどを見通し、そして、千の手というありとあらゆる手立てを自由自在に用いて、人々を安楽の世界に導くのだといわれる。

――この千手千眼ということを、つねひごろの人間関係に援用したいものだ。一体に、私たちの人を見る目も、人との交わりの実際も、いうほどにはあの手この手ではない。イヤ、むしろ一面的だし、固定の方向に進みがちである。

押してダメなら引いてみな、というが、引きグセということもある。それで、横綱どころか大関も危うい力士がいる。もとより、他人事ではない。千のやり方も、千の見る角度もあるのだ。一日一唱――、「千手千眼」と自分に言い聞かせよう。

四十

不障増上《ふしょうぞうじょう》

周囲の協力があって
自分がある

私たちは何気なく、縁起がよいとか悪いとかいう。あるいは、縁起でもない、と唾棄すべき対象に用いる。こうした縁起という言葉のイメージは、ほぼマイナスであろう。

しかし、縁起とは元来、因縁生起の意味。つまり、すべては因(直接の原因)と縁(間接の原因)とによって成立している、ということだ。その、すべてのことがらの中には、当然、私たち一人ひとりの存在も含まれている。

その場合、〈私〉というものが因で、それをまわりから増上《ぞうじょう》する(盛り立てる)のが縁だ。むろん、オレやワタシの努力もある。しかし、まわりのさまざまな協力や後援がなければ、〈私〉は立ちゆかない——。縁起とは、そうした自己の成立事情を示しているのだ。

こうした縁に、与力《よりき》増上と不障《ふしょう》増上がある。前者はいわば頼りになる人、後者は頼りにも邪魔にもならない人のことだ。

常識的にみれば、不障増上縁とは、どうでもよい人々だろう。しかし、それさえも、〈私〉の成立に何ほどか係っているという指摘、それが不障増上なのだ。

それを、私たちは無関係だと切り捨ててしまう。が、それも自己成立の豊かな土壌と思えば、その中に潜在する与力増上の人を発見できるのではないか。

四十一

少分一切《しょうぶんのいっさい》

自分だけは別

貴重品はフロントにお預けください、といわれて、いのちを預ける人はいない。もし、それを申し出る人がいたら、その人はバカか、嫌がらせを好む人にちがいない。

もとより、わがいのちこそ一番の貴重品である。が、この場合、それ以外の貴重な持ち物という意味であることぐらい、誰もが承知している。こういうことはよくある。「一切《いっさい》」という言葉も、そうだ。

一切とは、みな、すべて、あらゆるもの――。そういったものを包含しているから、一切ではある。しかし、それがそうとも言い切れないのだ。例えば――。いつまでたっても妙案の出ない企画会議、社長のイライラはついに限界に達して、「この会社の人間は皆バカだ！」とカミナリを落とした。

そのとき、――そうか、ウチの社長もバカなんだ。と、合点した社員がいてもおかしくはない。

しかし、社長の「皆バカだ」の皆には、むろん、社長自身は入っていない。こうした一切のことを、仏教では「少分の一切」といい、いわゆる一切(これを「全分の一切」という)と仕分けしている。

私たちはよく、皆とか一切とかいうが、その時々の都合で、自分を含ませたり省いたりしているのだ。

四十二

お静かに《おしずかに》

人を送り出す時の言葉

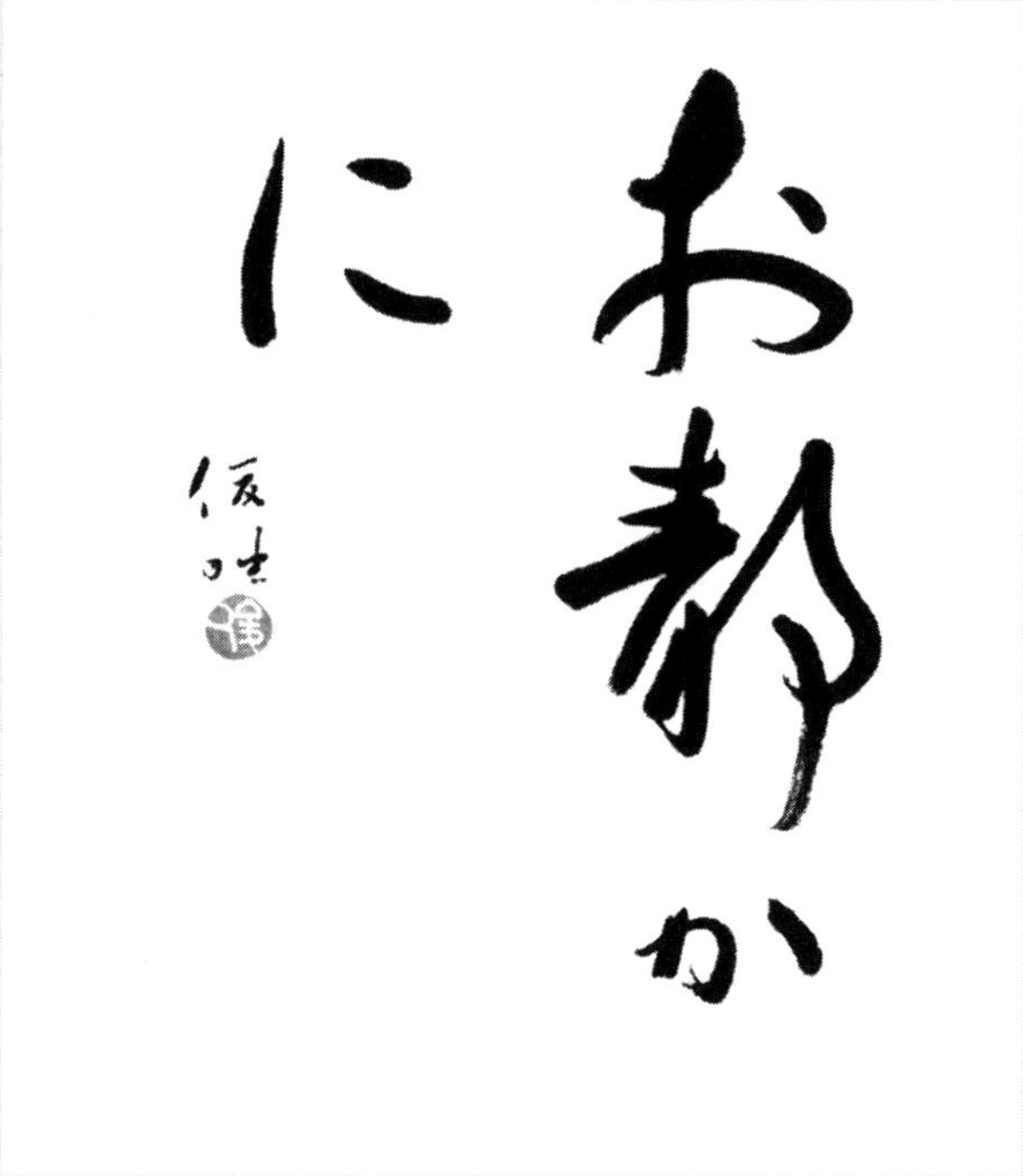

「お静かに」とは、人を送り出す時の心優しい言葉である。一般に使われなくなって久しく、いわゆる死語の部類に入る。が、このまま埋もれ、朽ち果てさせるにはあまりにも惜

しい。

私の耳底《じてい》には、酔客を送り出す父親の声として残っている。小学生の頃だったろうか、玄関先でもなお口々に大声の客人を、父はいつも、——お静かに、といって送り出していた。

客はそれを、自分たちが酔っぱらって騒がしいから、——静かに帰れ、といわれていると受けとめ、皆ドッと大笑して引き上げるのだった。じっさい、そうして酔客が去ったとたんに、夜の静寂《しじま》が忍び寄った。

しかし、「お静かに」はそういう意味ではなく、——気をつけてお帰りください、または、気をつけて行ってらっしゃい、ということなのだ。

実はこの言葉、仏教語の「静慮《じょうりょ》」に由来している。静慮はまた「禅」ともいわれるように、心を散乱させないこと。

心が乱れてフラフラしていたら、思いもかけぬ事態を引き起しかねない。だから、注意してお帰りなさい。それが「お静かに」なのだ。

それにしても、何ともすてきな響きではないか。使いたい日本語のひとつ。

四十三

随意坐《いにしたがってざす》

心を通わせる仲とは

良寛の五合庵に、親しい竹丘《ちくきゅう》老人がやって来た。その時の様子を、良寛はのちにつぎのような漢詩に認《したた》めた。

叟《そう》有り叟有り、山房に至る
山房、寂々《じゃくじゃく》日月長し

——ご老人、ようこそのお運びじゃ。待っておりましたぞ。ここは別世界ゆえ、ゆっくりしてござれ。「叟有り叟有り」とは、「おうおう、来た来た」という感じであろう。

南窓の下《もと》、意に随《したが》って坐《ざ》す
君は瓜を喫《くら》い、われは觴《さかずき》を挙ぐ

——ささッ、南の窓側がよろしかろう。お互い気の向いたところにくつろいで……。おお、ご老人はそこに落ち着かれるか。それでは、良寛はここに。

さても、ご老人は冷えた瓜を食べなさるか、いやいや、うまそうな瓜じゃ。でも、良寛は、もとより酒でござる…。

竹丘と良寛は、それぞれの意に随い、好き好きにしている。会話もトツトツ、途絶えがちだったかも知れない。しかし、そうでありながらも、互いに心を通わせている風情。まさに穏やかな時空だ。翻って、私たちはどうか。自己の好みを人に押しつけ、随わねば、何なんだと不審がり、会話が途切れようものなら、忽ちヘンな気分になる。お互い意に随って、なお心を通わせられるのが友だ。

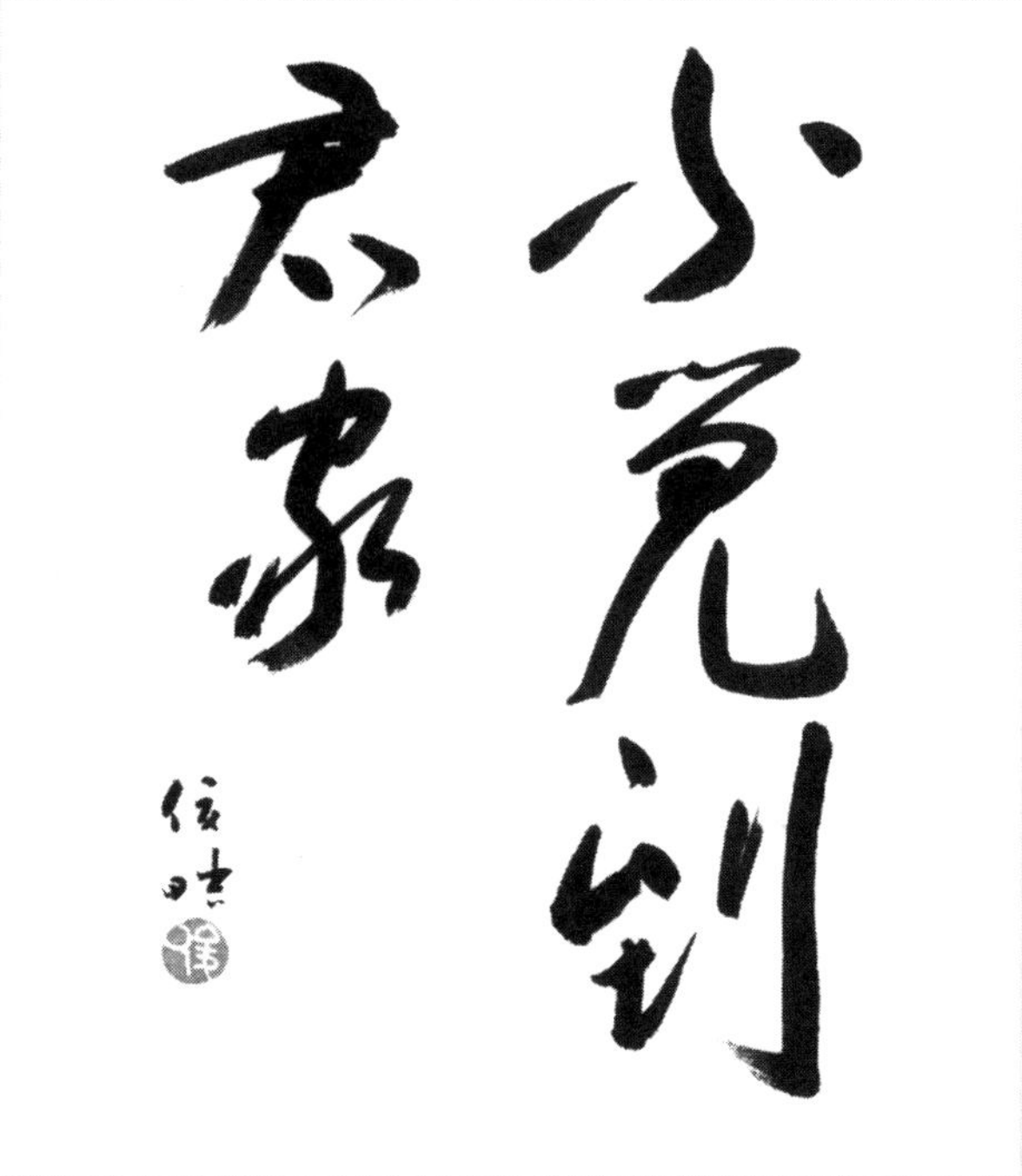

四十四

不覚到君家《おぼえずきみがいえにいたる》

ほんとうの友とは何か

用事があるから会い、ないので会わない——。というのは、友だちではないし、今は取り立てて用はないが、将来何かのために会っておくか、というのもまた、友人とは言いがたい。
ほんとうの友とはこれなんだ、と思わせる漢詩がある。十四世紀、明《みん》代一級の詩人といわれる高啓《こうけい》の作だ。

水を渡り、復《また》、水を渡り、
花を看《み》、還《また》、花を看る。
春風《しゅんぷう》、江上《こうじょう》の路《みち》。
覚えず、君が家に至る。

これを、井伏鱒二風？に訳せば、つぎのようになるだろうか。
チョト散歩ノツモリデ家ヲ出タ　川岸ヲ風ニ吹カレテアテドナク
花ニ見トレテ行クホドニ　イツノ間ニヤラ君ンチ見ヘタ
——何だ、のんきな父さんじゃないか。と思う人は、間違いなく重篤な無友病だ。ひと時の利害得失を大きく超えなければ、心豊かな時空なぞ広がらない。
かの森鷗外《おうがい》には、賀古鶴所《かこつるど》という親友がいた。「大正十一年兄の終る時には、よく団子坂へ来ていられました。何んのお話をなさるのでもなく、ただ枕元《まくらもと》に坐っていられるだけでも、兄にはそれが何よりも心丈夫」だったとは、鷗外の妹・小金井喜美子《こがねいきみこ》の弁。

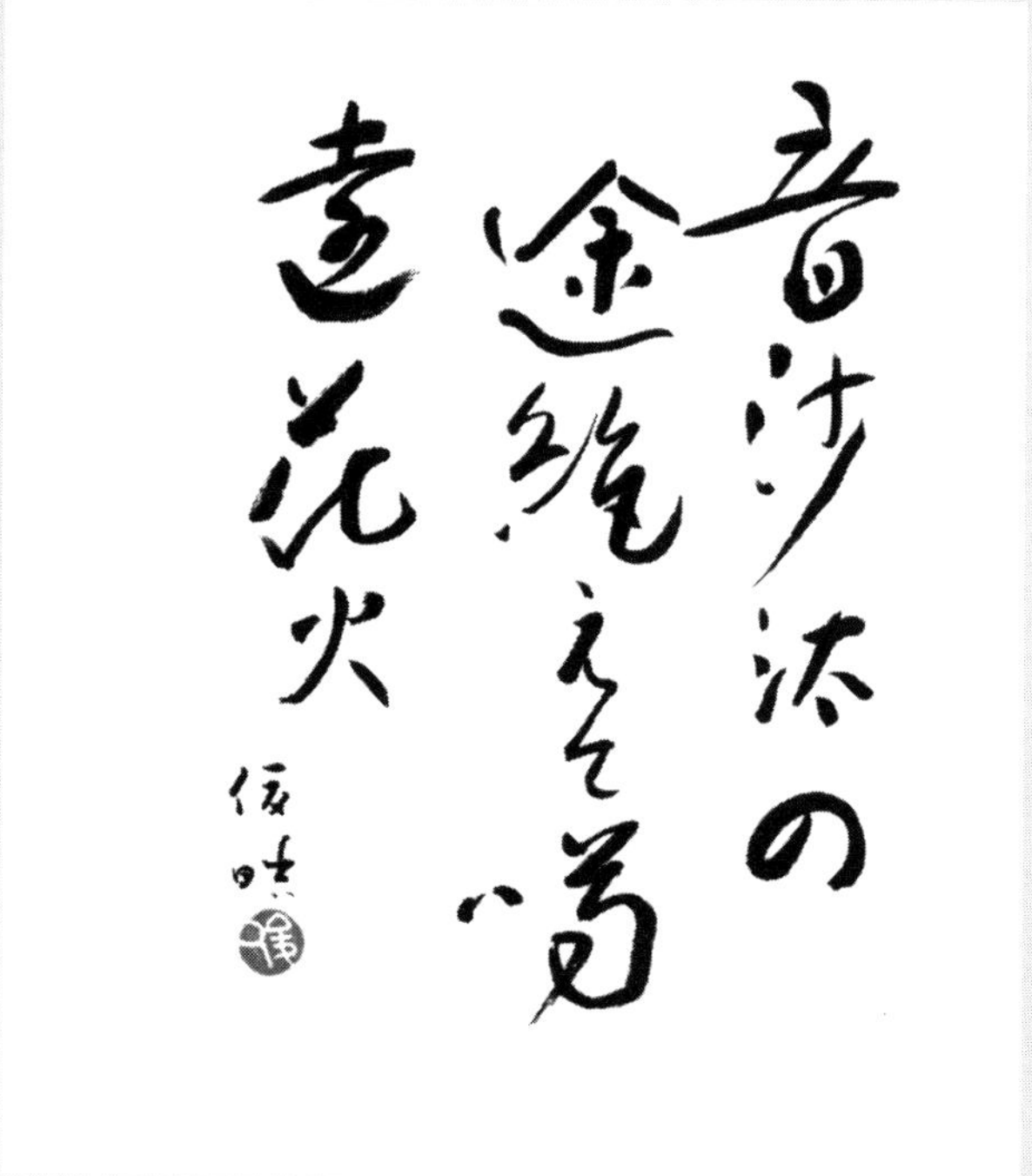

四十五

音沙汰の途絶えて噂遠花火《おとさたのとだえてうわさとおはなび》

切れたようで、
つながっている

人とのつながりは、微妙である。難しいといえば難しいし、そんなもんだと思えば、まあ、そんなもんだ。

なにせ相手のあることだから、こちらの思惑通りにはいかない。明日にでも会いたい人とは会えず、二度とゴメンが、忽ち現われる。が、こういうのに限って、永いつきあいだったりする。人の縁は、――妙、という他はない。

むろん、わけのわからないまま切れてしまう縁もある。つなぐ方便がないではないが、意地が手伝って、そのままになることも少なくない。しかし、それで、ハイ終わり、と言い切らないほうがいい。祇園吉《よし》うたの高安美三子《たかやすみみこ》さんの句に、

音沙汰の途絶えて噂遠花火《うわさとおはなび》

というのがある。

会わなくなって久しい人の噂を聞いた。それが訳ありだった人なら、心中コトリと動くものもあるだろう。――そういえば、最後に会ったのは……。と、一瞬、その人の顔が淡く心をよぎる。

でも、なんだか、遠くで音もなく明滅する花火みたいだ。――この句、切れた縁を確めている感がある。が、果たしてそれだけなのだろうか。

心の底に深く沈んだはずが、フトしたことで、心の表面に引き出される。切れたようで、どこかでつながっているのだ。

四十六

名香一裹《めいこういっか》

誠意の贈り方

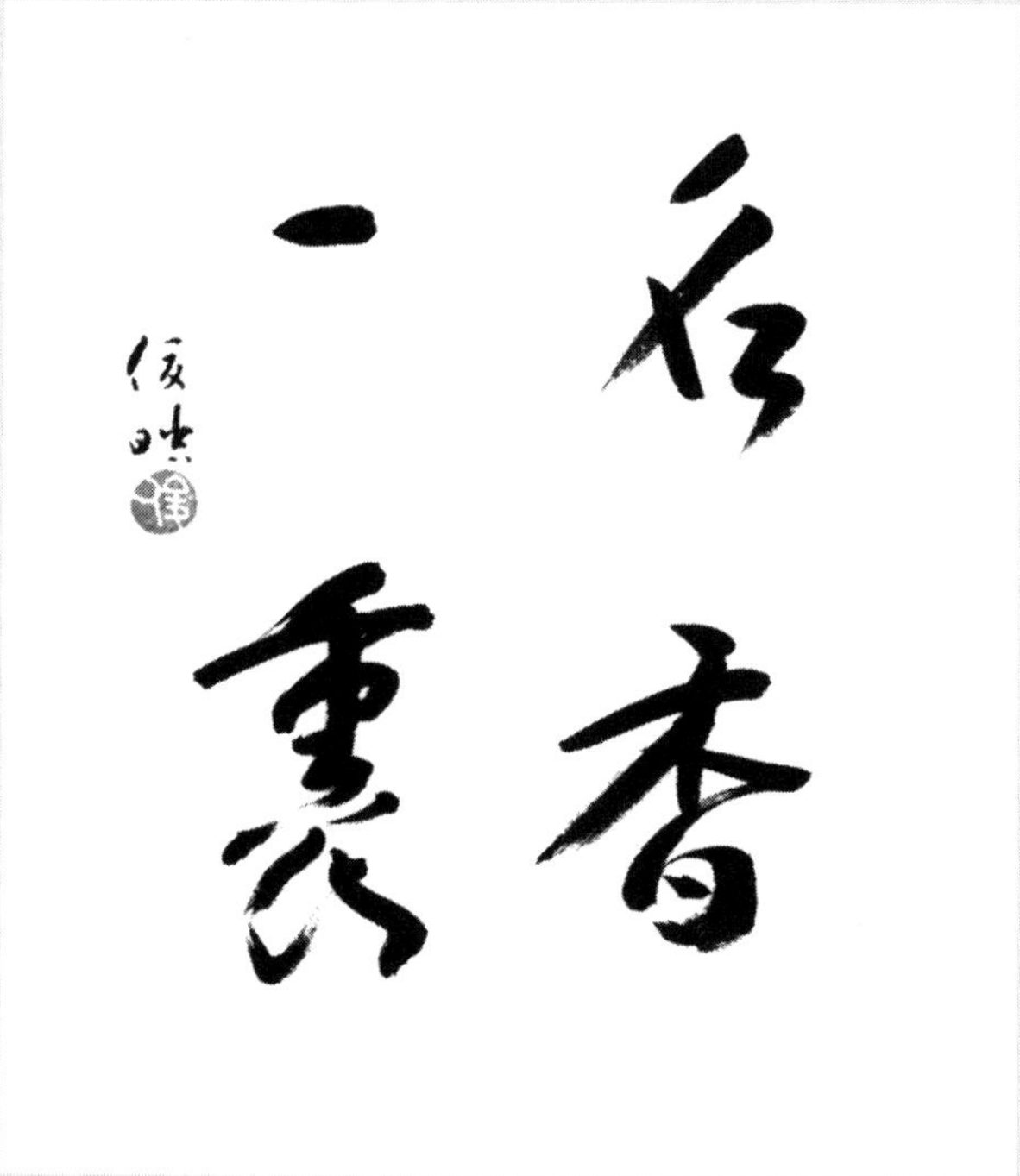

「名香《めいこう》一裹《いっか》」は、かの空海が、徳一《とくいち》菩薩に宛てた手紙（弘仁六年四月五日の発信と推定される）に出てくる。九世紀初めのことだ。

いま、日本仏教史にくわしい人でないかぎり、徳一といっても誰も知らない。しかし、徳一は奈良で唯識仏教を学んだ後、東土《とうど》(筑波から磐梯にいたるエリア)に教えを弘め、菩薩と尊称された。さらに、最澄と大論争したことでも有名で、そのむかし、東土の徳一の名は、天下に隠れもなかった。

それはさて、空海はその手紙で、徳一にある頼み事をしたのだが、追伸に、

名香一裹、物軽けれど誠重し。撿《けん》至せば幸《さいわい》となす。

と書き添えた。——ちょっと良いお香です。ほんの一包みですが、お贈りいたします。私の誠意をくみとっていただけたら、幸いです……。

私たちは、贈答社会に暮している。が、そのわりには近年、物のやりとりがぞんざい・横着になっているように感じる。

ある日、突然、品物だけが届いて、それっきりというケースが多くなっているのだ。しかし、それでは、折角の誠意もいま一つ伝わらない。——少しですけれど、と一筆認《したた》めたら、物にこめられた気持ちが、一段と相手の心に届くだろう。

四十七

合掌《がっしょう》

そのまま認め合うカタチ

合掌は、日本では仏教特有の礼法と思われているけれど、仏教の故郷インドでは、誰もが合掌する——。そして、「ナマステ（こんにちわ）」と、あいさつをかわすのだ。

先日、あるシンポジウムで、バチカン法王庁に奉職されるインド出身の司教のプレゼンテイションを聞いたが、合掌で一礼された。その姿はまことに自然体で、なんの違和感もなかった。

そうしたインドの礼法一般としての合掌はともかく、仏教の合掌の意味は何か。ということは、この短文のよくするところでない。が、あえていえば、――たがいに相手を、「ただそのままにおいて認め合うカタチ」なのではあるまいか。

私たちの日常では、なにごとも皆二つに分けられる。そして、それらを対立させながら、自己をとりまく状況をなんとか理解しようとする。上下や左右あるいは強弱という関係はもとより、善悪も美醜も清濁も愛憎も……。このように、あらゆることを比較相対させて、その上で、自分はどうか・相手はどうか、と品定めするのだ。

が、そんな相対的な手法では、自己も他者も、その本来のスガタを現さない。合掌はそうした比較相対を捨てたカタチだ。合掌すれば、もう右も左もない――。

四十八

平等の態度《びょうどうのたいど》

つねに同じ心持ちで臨む

数多い仏教経典のなか、『スッタニパータ』はもっとも古く、したがって、仏陀釈尊の肉声に近い詩句を集成したものと考えられている。

仏道修行を希望するナーラカの質問に、仏陀はつぎのように答えたという。

村にあっては、罵《ののし》られても敬礼《きょうれい》されても平等の態度で臨《のぞ》め。（罵られても）こころに怒らないように注意し、（敬礼されても）冷静に、高ぶらずにふるまえ。

人の大勢集まるところには、いろんな人がいるものだ。わけもわからず罵詈雑言《ばりぞうごん》の数々を浴びせる輩もいれば、丁重にうやうやしく接してくれる人もいる。そうしたとき、相手の態度がどのようなものであろうとも、こちらはつねに、同じ心持ちで臨むことが肝心だ。それが、すぐれた態度というものなんだ……。

仏陀自身、――これは行いがたく、成就し難いものである。といいつつ、「毅然《きぜん》として、堅固であれ」と、ナーラカを励まされている。

私たちはつい、罵られたからといっては、むかっ腹を立て、丁重な待遇を受けたからといっては、慢心する。しかし、それでは、他者に操られているようなものではないか。

――成就し難くとも、毅然と試みたいと思う。

四十九

山静《やましずかにして》似太古《たいこににたり》

喧騒と饒舌から離脱しよう

中国・宋時代の唐庚《とうこう》の、漢詩「酔眠」の一句に、こういう表出がある。
じっさい、懐深い山に入れば、森閑とした風情。さぞや太古《おおむかし》は、このようであったろうと思わずにはおれない。

ところで、人が群れたならば、どうしても喧騒と饒舌が支配する。私たちは、賑やかなもの華やかなものに注目するし、何かしら景気のよい言葉を止めどもなく連発されると、どうしてもそれに引かれてしまうのだ。言い争いにしても、バカらしくなって黙った方が負け、みたいなところがある。

世の中は今、こうした喧騒と饒舌がある種のピークを迎えているのかも知れない。とにかく、人は歩く時も音楽を聴き、そして、ペラペラとよく喋る。

それが悪い、とは言い切れない。ただ、饒舌の前に沈黙が、喧騒の後に静寂があるのかどうか。問題はそこだ。

沈思黙考とはいかないまでも、私たちは、そうした静なる時空の中に、ふと自己の行く末を思い、あるいは、他人《ひと》のことを思いやるのではあるまいか。

私たちは、他人のおそまつに実に敏感だ。その意味で、笑い笑われの人生といえる。しかし、それでは、あまりにも空しい――。山のごとく静まり返って、熟成していくものがあるのではないか。

第三章　変わる世界、変わらない世界

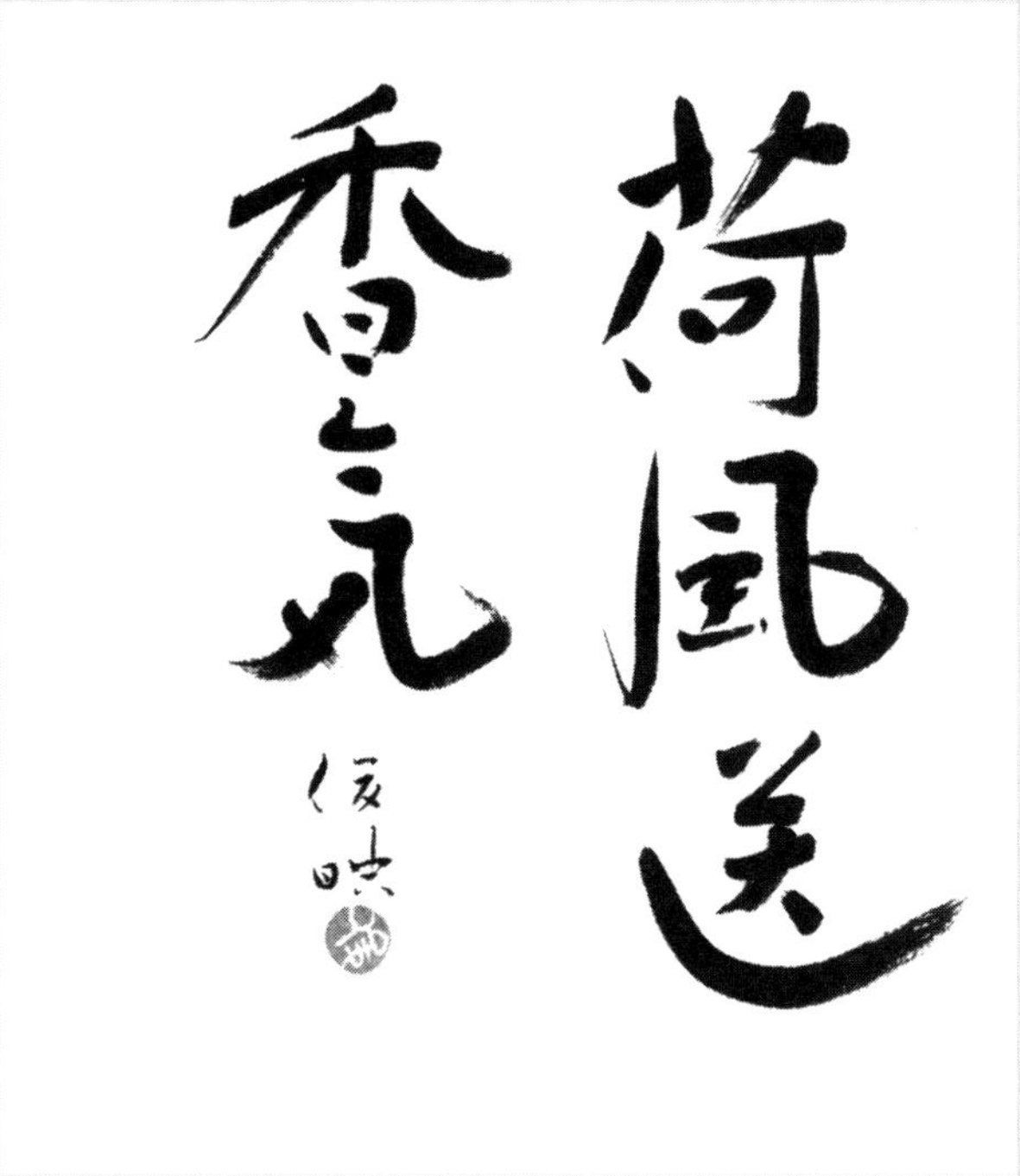

五十

荷風送香気《かふうこうきをおくる》

幽かなものを感じる力

夏のさかりには、各地の園池やお堀では、蓮の花が咲き誇る。その上を吹く風は清清《すがすが》しく、はなはだ品のよい香りを運んできて、ひととき、暑熱を忘れさせてくれる。

その情景が、

荷風《かふう》、香気を送る

である。唐の孟浩然《もうこうねん》（六八九～七四〇）の漢詩の一句にある。念のためにいうと、荷とは蓮のことで、荷風は、その上を渡ってくる風だ。

荷風といえば、日本の伝統文化を顧みない風潮を嫌った永井荷風が想起されるが、それはともかく、蓮の香りは、実に微妙である。けっしてシャシャリ出て自分を主張したりしない――。

花弁に顔を近づけても、ほんのり甘い香りだから、荷風が運んでくる香気は、もっと幽《かす》かだ。それを、このように受け止めた感性は、なおざりにはできない。

それというのも、近年は、すべてがギトギトして強烈なのだ。刺激はしだいに強くなり、それに慣らされて、私たちもまた、いっそう強い刺激を求める……。

そうした世相で何より心配なのは、人の心の理解だ。何が微妙かといって、私たちの心ほど微妙なものはない。それをあれこれ忖度《そんたく》するには、幽かなものへの鋭敏な感性がカギなのだ。この一句の秘めるものは、小さくない。

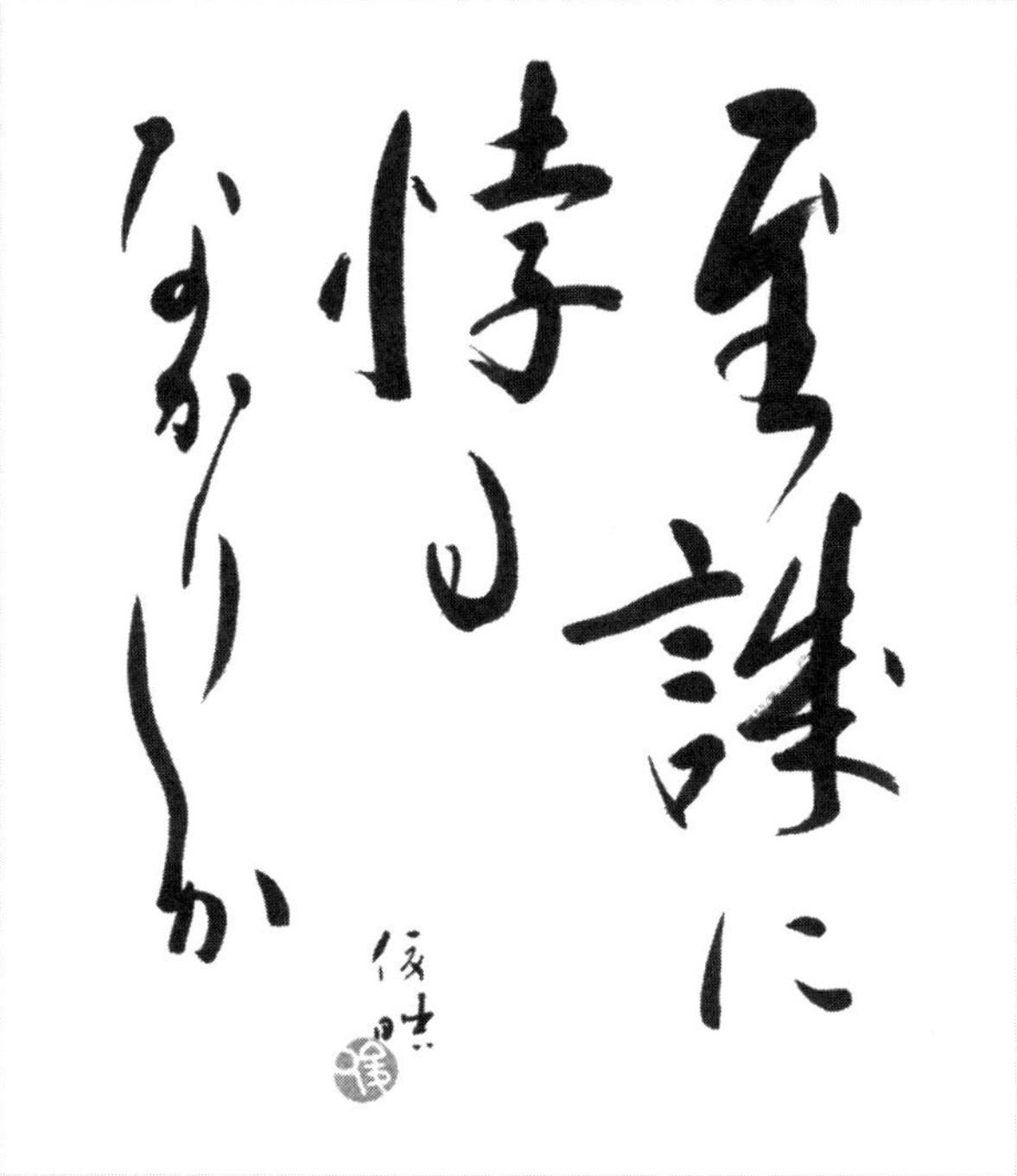

五十一

至誠に悖るなかりしか《しせいにもとるなかりしか》

「ものを知る」とは何か

なんでもありの世の中だという。

常道は顧《かえりみ》られず、禁じ手はいとも簡単に破られる。いのちの大切さが声高に叫ばれる一方で、あまりにもゾンザイに打ち捨てられる事件が引きも切らない。そして、勝ち組・負け組である。

「そんなこと、してもいいのか」の懐疑も、——そんなことを言っているから、勝てないんだ、という声に掻き消されがちだ。また、新たな拝金主義の登場だ。

金が汚らわしい、というのは間違っている。ものを知らない人間が持つ事がいけないのだ。金があるなら持っているがいい。いつでも未練なく捨て得る心を持っていればいいのだ（森鷗外）。

恬淡《てんたん》の人らしい言葉だが、この「ものを知る」とは何か——。それをたぐっていけば、やはり、人間の誇りとか誠実さにたどり着くのではないか。

それさえ心に秘めておれば、お金に恵まれても、不足なぞ感じないはずだ。が、人の心は、どうしてもマヒしてしまう。

かつて江田島海軍兵学校では、一日の終わりに「五省」が行なわれた。その冒頭が、至誠に悖《もと》るなかりしか、だ。米アナポリスの海軍兵学校では

Hast thou not gone against sincerity?

と翻訳、教育に用いられているという。なんでもありなら、これもあるぞな、もし。

五十二

笑而不答《わらってこたえず》

説明は万能か

説明の時代である。説明責任というコトバもすっかり定着して、違和感なく受け止められている。何かにつけ、とにかく説明が求められる。むろん、過不足なく、簡にして要を得たヤツを、だ。そんな説明や解説を聞けば、――いや、よくわかりました。と私たちはすこぶる納得である。

展覧会もまた、近年、この傾向にある。分厚い図録よりも、簡便なオーディオ・サービスのほうが人気らしい。要領よくコンパクトにまとめられた解説を聞いて、――わかった、なるほど、と名画の前を通り過ぎていく。

李白の漢詩に、

余に問う、何の意か碧山《へきざん》に栖《す》むと。

笑って答えず、心、自ずから閑《かん》なり。（山中問答・前二句）

というのがある。

――そうそ、こないだ、なんでこんな山の中に栖んではるの、と人に聞かれてしもた。ハハハいうて笑うただけで、返事せえしまへなんだ。なんでいうて、しっとりのどかな心みたいなもん、説明でけしまへんがな……。

李白の関西弁は、そぐわないといわれそうだ。が、通り一遍の説明で事足れり、という風潮を揶揄《やゆ》するにはぴったりだ。説明万能の世は底が浅い。惻隠《そくいん》の情や、思いをいたすのは、どうなっているのか。

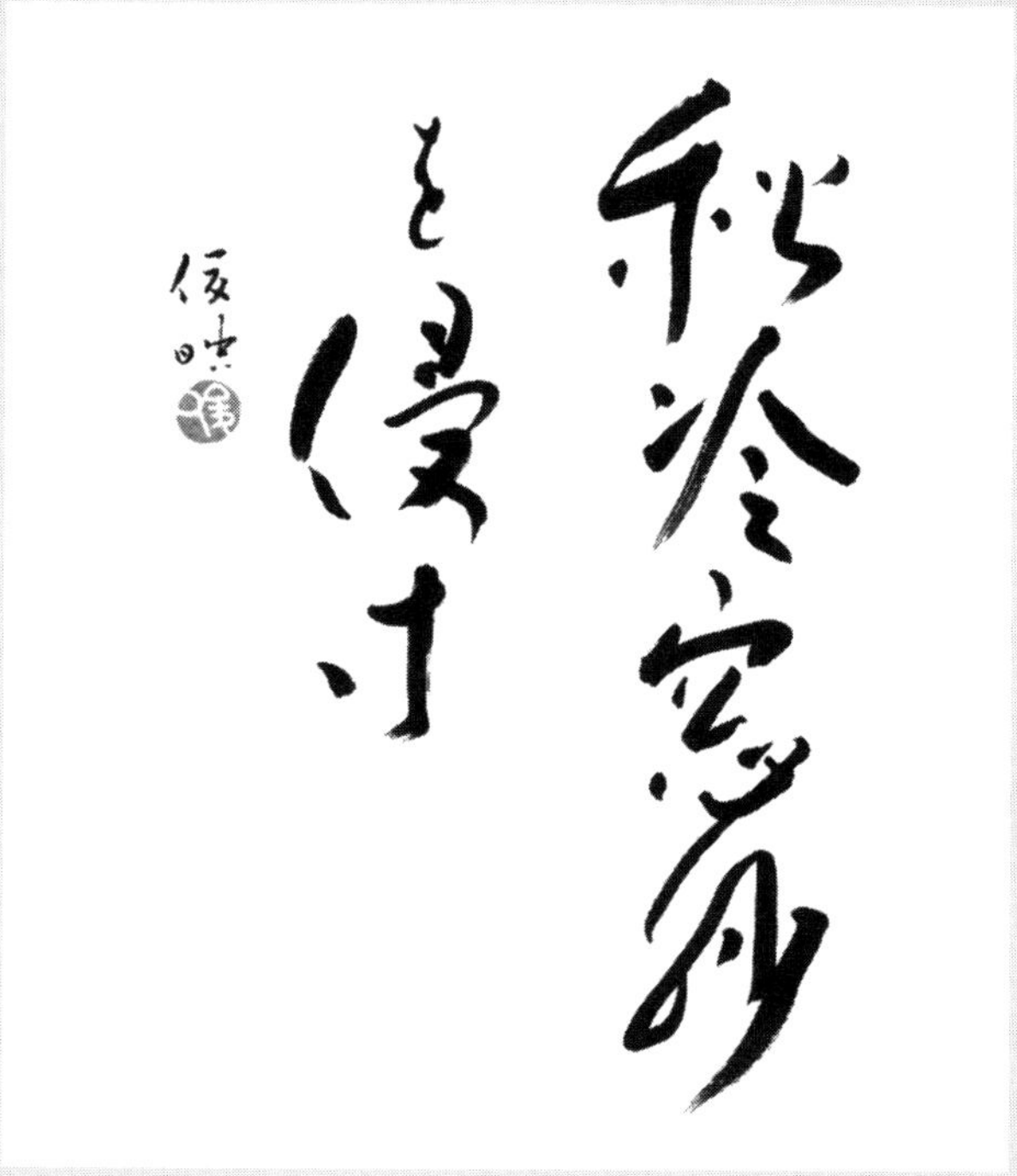

五十三

秋冷窓紗を侵す《しゅうれいそうしゃをおかす》

品性を養うには

言葉の乱れが指摘される。一概に乱れているとも言い切れないが、たしかに、変なのもある。まあ、総じていえば、昨今の言葉遣いはエレガンスに欠けるのではあるまいか。

国語教育の現場がどうなっているのか、具体的に知らない。が、漢文は学ばれなくなって久しく、明治・大正の文豪作品も、中学生はほぼ読まないらしい。

一方、英語だ英語だ、という。そうして身につけたとして、その英語の品性はどうなんだろうか。心配だ。

それというのも、知合いの台湾の学僧が、元禄時代の奈良で書かれた跋文《ばつぶん》(漢文)を、――とても品格のある文章だ、と評したことがあるからだ。

要はやはり、言葉を遣うその人の品性の問題であろう。それを養うには、古今のすばらしい文章を読むしかない。

――秋冷窓紗《しゅうれいそうしゃ》を侵《おか》す、とは永井荷風の『断腸亭日乗《だんちょうていにちじょう》』昭和十六年(一九四一)八月三十一日条に出る。秋の夜《よ》の冷気で、窓紗(カーテン)が心なしかしっとりしている……。

そういえば、「子夜《しゃ》四時歌」という古い漢詩に、

秋風《しゅうふう》、窓裏《そうり》に入り、
羅帳《らちょう》、起りて飄颺《ひょうよう》す。

というのがある。こちらは、秋風に絹の帳《とばり》がひらひらしているのだけれど、それはともかく、荷風のことだ、こんな秀句も知悉《ちしつ》していただろう。

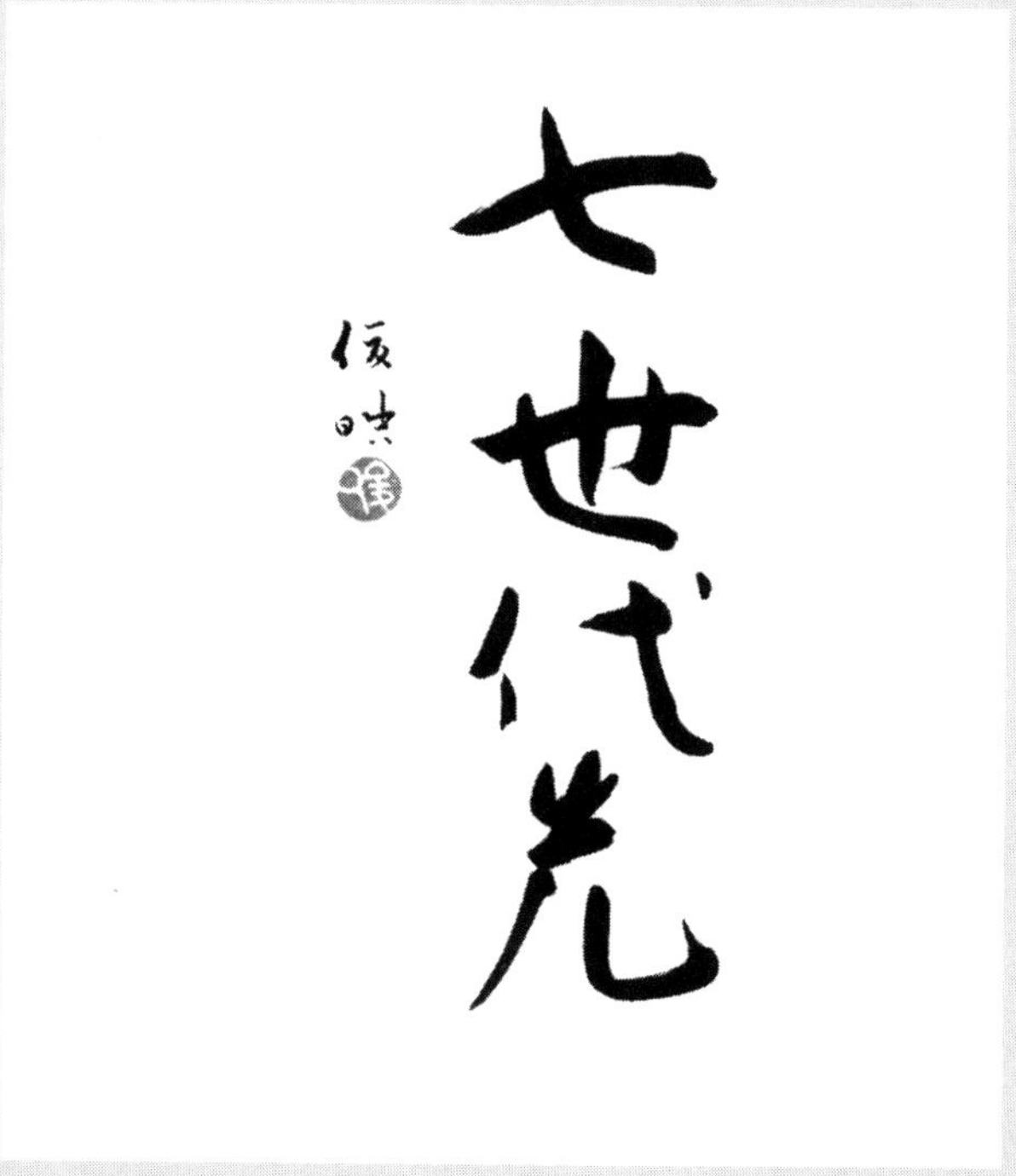

五十四

七世代先《しちせだいさき》

忘却のスピード

光陰矢の如しというが、月日の経《た》つのが実に速い――。いま、私たちの社会は激しく変動していて、半年前、イヤ三月《つき》前のことが、もはや「旧聞に属す」だ。

そこに、中年というか人生後半特有の時間経過の速さが加わると、——もう、タマリマセン。旧聞に属すものは、やがて忘却される。その記憶が風化する速さもまた、尋常ではない。

そこには当然、私たちの「心」がかかわっているから、こうした状況を見逃すわけにはいかない。近年、ことさらに人間性の喪失が指摘されているのだ。

この問題の本質はおそらく、あらゆることどもがアッという間に風化して、永く記憶に留《とど》まらないことにあるのだと思う。大災害や大事件に、私たちはひと時大騒ぎする。が、やがて、——そんなことありました？　なのだ。

そうして、月日がどんどん過去に落ちていく。その過去の上に現在があるはずだが、過去を忘却する生活にはまた、確たる未来もない。遠い将来なんぞ、オレたち知るもんか、ではないのか。

アメリカ・インディアンには、次のような言葉があるという。

どんなことも、七世代先まで考えて、決めなければならない。

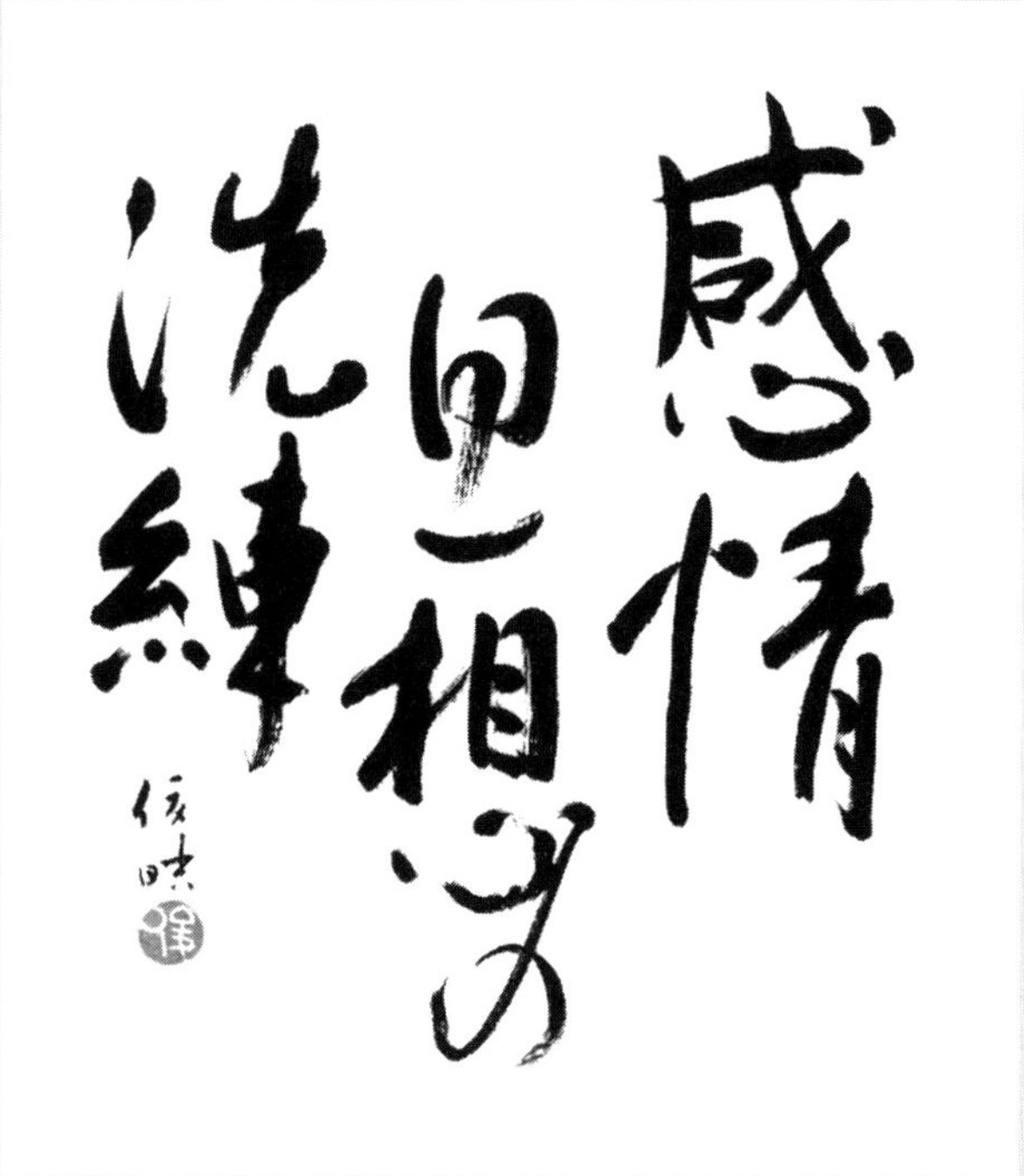

五十五

感情思想の洗練《かんじょうしそうのせんれん》

社会性を教えぬ結果

目をおおい、耳をふさぎたくなるような残忍な事件がつづいている。それも、事件の当事者が家族というケースが多い。若い母親がわが子を手にかけ、高校生や大学生の子どもが、親や兄弟を死に至らしめている。

そして、人を指導する立場の教員の不祥事もまた、いっこうに後を絶たない。

こうした事件が起こると必ず、――あってはならぬこと、といわれる。私たちは、その、あってはならぬことが続発する社会に住んでいる。

原因は、もとより、複合的なのだろう。が、親が子を疎ましく思い、子どもが親を「ウザイ」と思うそこに、いかにも粗野な心の動きを感じる。

個性の尊重はけっこうだが、一方の社会性はどうなっているのか。日本のいたるところで目撃される傍若無人のふるまいは、社会性を教えぬ結果だ。

そうした社会性の希薄さに加えて、何ごとも金員に換算する思考――。カネで人の心も買える、とはよくいったものである。

永井荷風『断腸亭日乗』昭和六年(一九三二)正月四日条に、

文辞は洗練が第一なり。形式の字句にあらず感情思想の洗練なり。

とある。

粗野な心は洗練されなければならない。

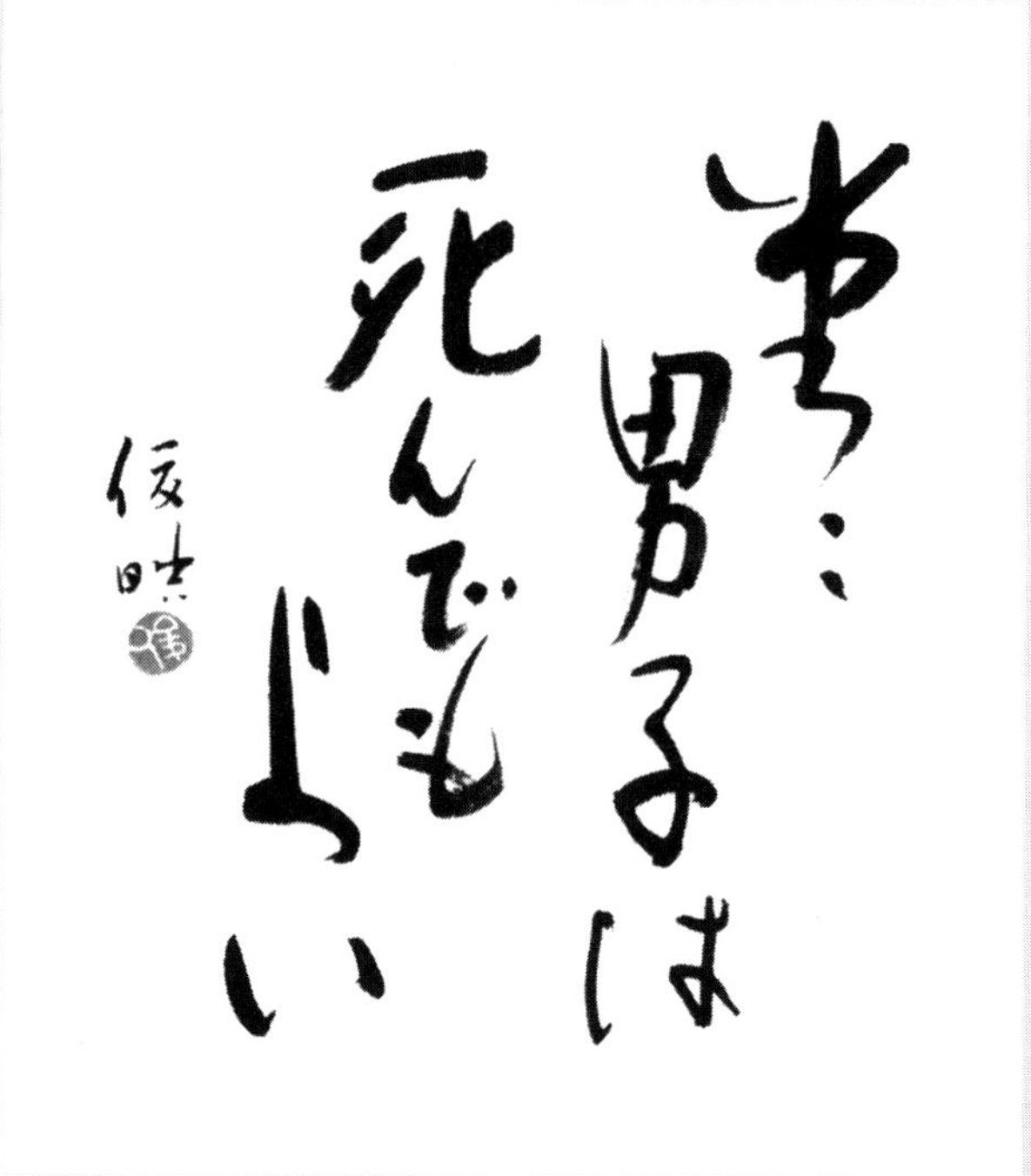

五十六

堂々男子は死んでもよい《どうどうだんしはしんでもよい》

心に誇れるものがあれば

生涯、東洋の豊饒というものを見つめた岡倉天心（一八六二〜一九一三）の俗謡に、

谷中《やなか》、うぐひす、初音の血に染む紅梅花、堂々男子は死んでもよい。

奇骨侠骨、開落栄枯は何のその、堂々男子は死んでもよい。

というのがある。

これは、天心が東京美術学校の校長職を追われ、谷中初音町に日本美術院を開設した明治三十一年(一八九八)当時の作。それで、「谷中、うぐひす、初音の」と謡い出されるが、無論、言いたいのは後半である。

この場合、奇骨は天心のものごとを創始する優れた気風、また、侠骨は才能豊かな新人に創作の場を提供せずにはおれない気性とみてよい。しかし、いずれにせよ、人間のすることだ。つねに開落栄枯はついてまわった。当然、毀誉褒貶にさらされもした。

花は開いたと思ったら、もう散ってしまう。人はそこに、いさぎよさを想うけれど、それでいて、さいわい手にしたその人なりの栄えには、いつまでも、と未練がましい。

そんな開落栄枯が何だというのだ、と天心はいう。誇りうる奇骨や侠骨があれば、そして、人間としての矜持があれば、もう充分だ。——それでアウトなら、アウト結構じゃないですか。堂々男子は死んでもよい。このいさぎよさを学びたい。

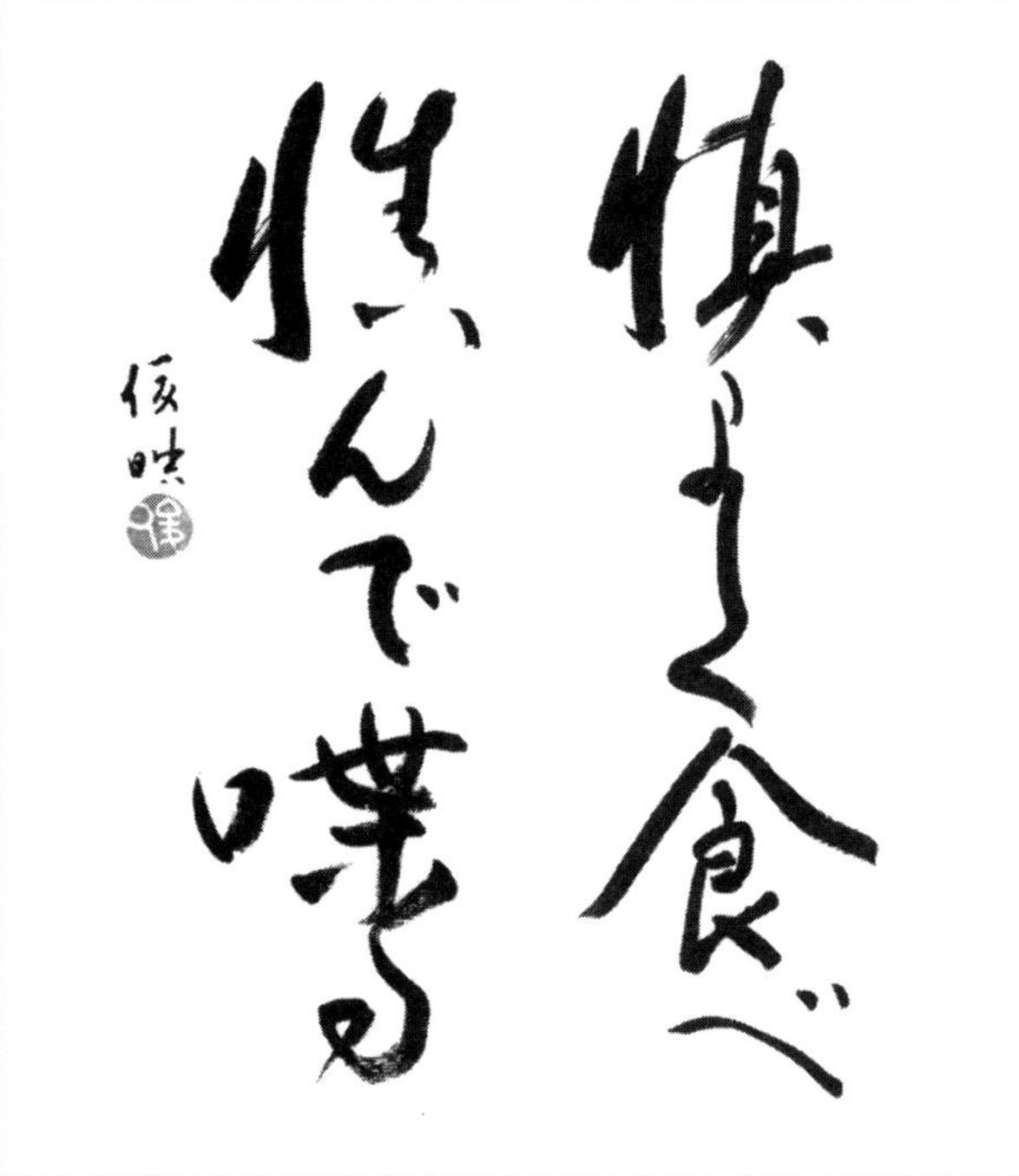

五十七

慎《つつ》ましく食《た》べ、慎《つつし》んで喋《しゃべ》る

慎ましやかに生きたい

アメリカ・インディアンの面貌に、何かしら親近感をおぼえる。遠い祖先を同じくするともいわれるから、無理もない。この素晴らしい言葉は、ホピ族の格言だ（エリコ・ロウ

『アメリカ・インディアンの書物よりも賢い言葉』)。――そして、誰も傷つけない。と続く。

何という穏やかさだろうか。同じ部族の格言に、

ひとりの敵は多すぎ、百人の友は少なすぎる。

というのもある。

こうしたことが語られるのは、彼らの根底に、多様性の尊重があるからに違いない。人もわれも、小さきいのちだ。そういう者たちが共に生きようとするなら、慎ましやかにならざるを得ない。ホピの言葉は、核心をついている。

それにしても、慎ましく食べ、慎んで語り、そして、誰も傷つけない生活と、私たちの現実とは、あまりにも隔たっていやしないか。私たちの社会は、いってみれば、――がつがつ食べて、言いたい放題。そして、気にくわぬ人を排除する、だ。はなはだしい乖離《かいり》という他はない。

物があふれ、利便性に富んだ社会は、なるほど生活しやすい。が、精神面の落とし穴が至るところに仕掛けられている。指摘されて久しい飽食も、そうだ。仏教では「身心一如《しんじんいちにょ》(一体のもの)」というが、人の身体を養う食事が乱れたら、すべてアウトになる。

五十八

迢々百尺楼《ちょうちょうたりひゃくせきのろう》

一段上がれば景色も変わる

バカと煙は高い所にのぼる、という。私は山登りも好きだから、どのみち、その部類なんだろう。しかし、それにしても、世の中を見渡すと、何かにつけ高いところを好む御仁が多い。そこでつい、――ご同輩！　などと声を掛けたくもなるが、今のところ自制していて、事なきを得ている。

それはともかく、ここで漢詩をひもとけば、謝霊運《しゃれいうん》の「池上の楼に登る」や王之渙《おうしかん》の「鸛鵲《かんじゃく》楼に登る」、あるいは杜甫の「岳陽楼に登る」など、高楼の眺望性によって、感慨が催されている。

ちなみに、「鸛鵲楼に登る」では、王之渙は、

更上一層楼（更《さら》に上る、一層の楼）

という有名な一句を得ている。さらに一段上にあがれば、見える景色もまた、明らかにちがうのだ。

さて、迢々《ちょうちょう》たり百尺《せき》の楼。これは、かの陶淵明の漢詩の一句である。このあと、「分明に四荒を望む」と続く。

百尺もあろうかと思われる楼に登ってみた。見えるみえる、四方の果てまでも……。そんな意味だが、もとより心の領域のはなしではある。

世間のポストも、上がれば、見える景色がちがう。が、せっかく上がったのに、脚下が霞んで見えない、ということもある。それだけは避けたいものだ

五十九 遠くの遠くを《とおくのとおくを》

教養と社会性で豊かな人間に

受験がすべてらしい。受験受験へと草木もなびく、である。受験に不要なものは、たとえ必須であっても履修しないでおこうという魂胆だ。高校の必須科目の未履修問題は、全国展開した。

発覚しなければ不履修——。この国の教育状況の有体《ありてい》を見せつけられた思いだ。事情通いわく、「学校に週五日制が導入され、時間が足りなくなったのが発端だ」。

しかし、これ、ただの当たり前の話である。教育制度をいじっている人たちは一体、何をどうみているのだろうか。視野狭窄どころの騒ぎではない。

近年、常識欠如の人が急増している。が、十代の大切な時期に入試対応・解答技術ばかりだから、当然の帰結という他はない。教養と社会性の二つこそ、豊潤な人間を育むのではないか。

北原白秋の童謡「りんりん林檎《りんご》の木の下に」の愛らしい詞章は、
窓から青空見てましょか。

遠くの遠くを見てましょか。

で終わって、きわめて示唆に富む。

遠くの遠くをみていれば、どんな道に進もうとも、世界の歩みも、他ならぬ自国の歩みも、受験に不要だから不履修でいいはずがない。——まなざしは遠くに投げろ。というのが、この童謡の真意。

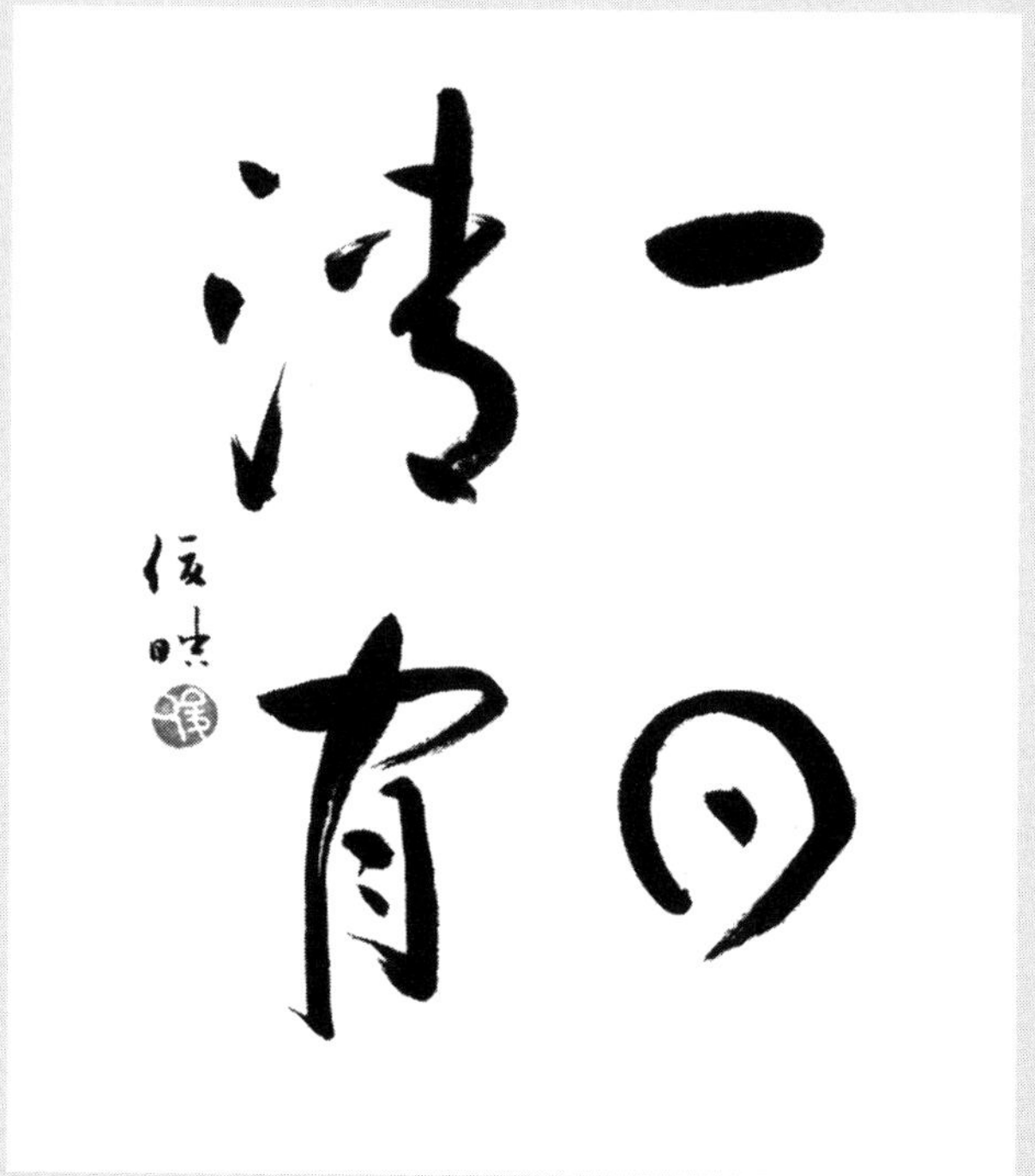

六十

一日清閑《いちにちせいかん》

身の丈の生活

文豪漱石は、しばしば漢詩の形式を用いて、自己を表現したという。大正五年（一九一六）九月二十九日に物した「無題」という作品がある。

朝《あした》に青研《せいけん》を洗い、夕《ゆうべ》に鵞《が》を愛す。
蓮池《れんち》水静かにして、西坡《せいは》に接す。（中略）
一日の清閒《せいかん》、債鬼《さいき》無く、
十年の生計、詩魔《しま》に在り。

——朝のひととき、いささか硯《すずり》に向かい、夕間暮れは、ちょっと王羲之《おうぎし》気取り。池の堤なんぞに佇み、書聖が好んだ水鳥の遊ぶのを眺める。（中略）小生は、どこにも借財せぬから、債鬼のきびしい取り立てもない。日がな一日、清閑そのもの。それで、十年このかた文芸三昧だ。……

等身大というか、身の丈の生活を心掛ける。私は、そう親から学んだ。

不用意な金銭の貸し借りは、これをしてはならない。とくに借りるのは、絶対ダメ。欲しいものがあれば、お金を貯めてから買えばよろしい、というのだ。こういうのって、いまどき、おそろしく古風なんだろうな。

しかし、世間を見渡して思うのだが、人様から借金すること、あまりにも軽々にすぎるのではあるまいか。

なければないで、さくら咲きさくら散る（山頭火）

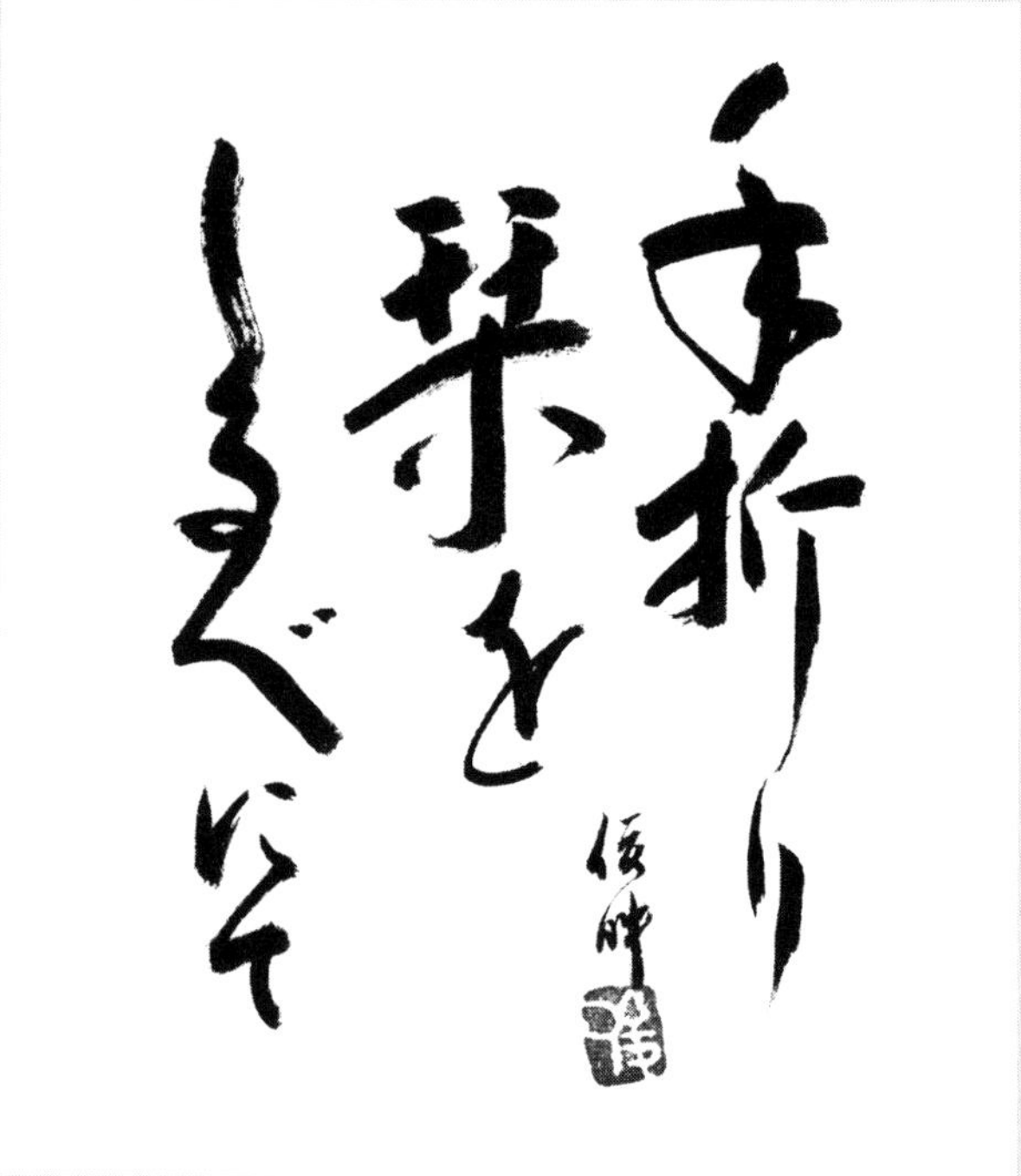

六十一

手折《たお》り栞《しおり》をしるべにて

未来へのヒントは過去にある

成長神話というのがある。が、前のめりに先を急ぐ姿勢に、私たち自身、言うにいえない畏《おそ》れを感じているのかもしれない。それが、サスティナビリティとかＳＤＧｓという言葉の多用につながっているのではないか。

私たちはそれぞれ、好むと好まざるとにかかわらず、歴史を背負う者だ。つまり、過去から引き継いだものをベースに現在を築き、未来を展望する――。そして、その過去は、たとえば生活の知恵であり、ことわざであったりする。

そういうものを、私たちの社会は先を急ぐあまり、――古い。の一言で受け渡しも・受け継ぎもせず、平気のへーで打ち捨ててきたではないか。

手折《た》り栞《しおり》をしるべにて

は、謡曲『鞍馬天狗』にある一句。「奥も迷わじ」と続く。深山《みやま》の桜が咲いたとの知らせをうけて、慣れぬ山道を独り行く。しかし、ところどころ枝が手折られている。それをたよりに馬を進めれば、決して迷うことはないのだ。

生活の知恵もことわざも、総じて古典の類は皆、いってみれば、先人が手折った「栞」だろう。私たちは、それをしるべに行けばよい。革新する技術はともかく、「人として生きること」に古いも新しいもないのだ。

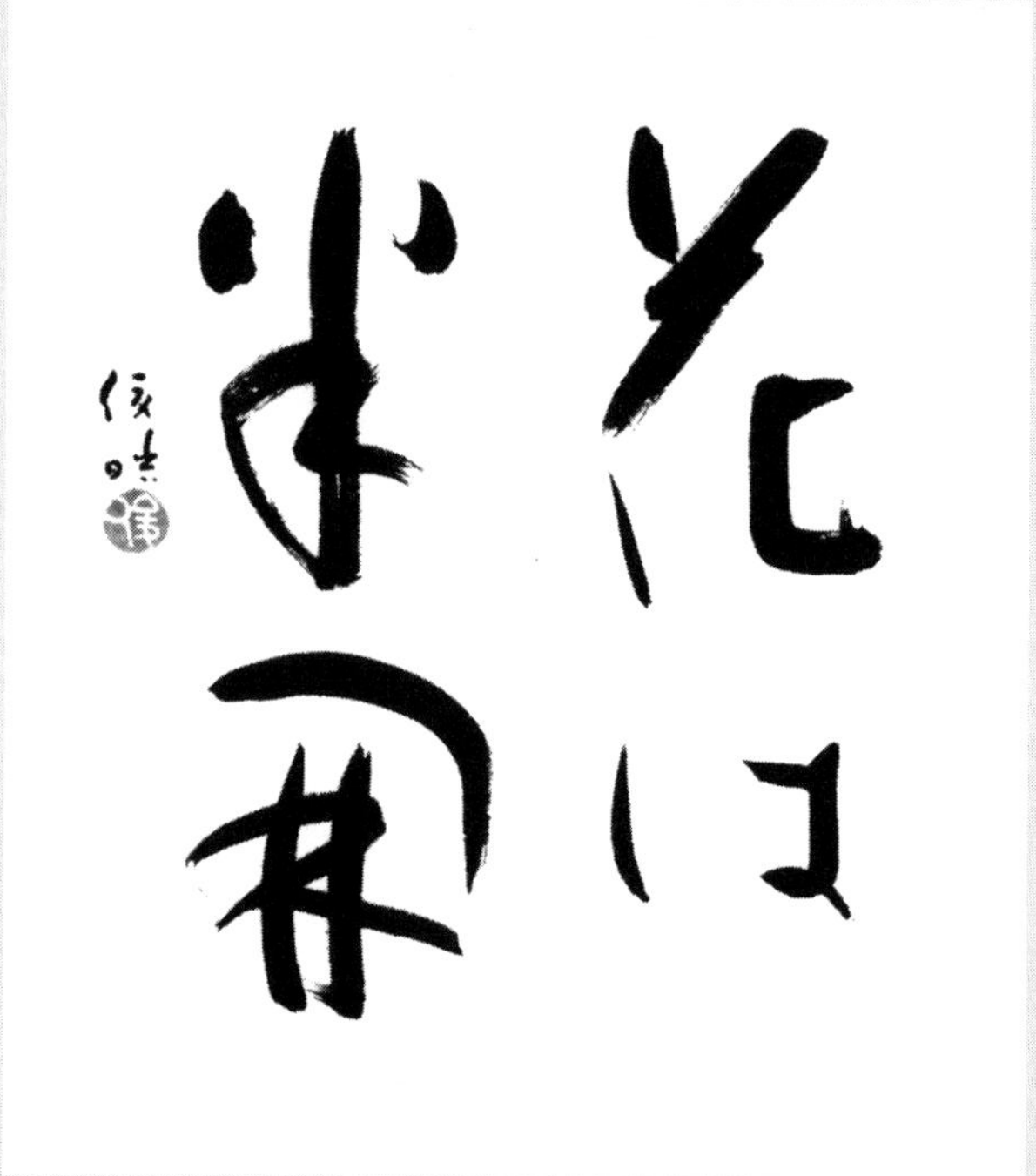

六十二　花は半開《はなははんかい》

その後を楽しむ

世の中いたるところで、行き切ってしまう状況が起っている。イジメの問題などは、その最たるものだろう。一人をターゲットにして、文字通り、寄って集《たか》っていじめ抜くのだ。

人の集団だから、いつでもどこでもイジメはある。が、常識的にいっても、捨てる神あれば拾う神あり、だ。

ほんのこの間まで、そんないじめられっ子に、——お前なにも悪いことないんだからね、その内きっとイイことあるよ、と耳元で、そっとささやいてくれる人が必ずいた。見失ったそういう常識・当たり前を取り戻すことから、私たちの社会はやり直しだ。

『菜根譚』に、

花は半開を看《み》、酒は微酔に飲む。此の中に大いに佳趣あり

という有名な一文がある。

半開の花も微酔の酒も、後がある。その後の楽しみをしみじみ味わうのだ。そして、日常と非日常が微妙に交差する微酔ゆえに、友を得れば、論談も風発するのだ。行き切れば、醜い泥酔しかない。

フランスのモラリストの言葉に、「恋愛は、魂の接触に始まり、粘膜の接触に終わる」というのがある。むかし、小耳に挿《はさ》んだ。——行き切らないところに佳趣あり。洋の東西に通底することらしい。

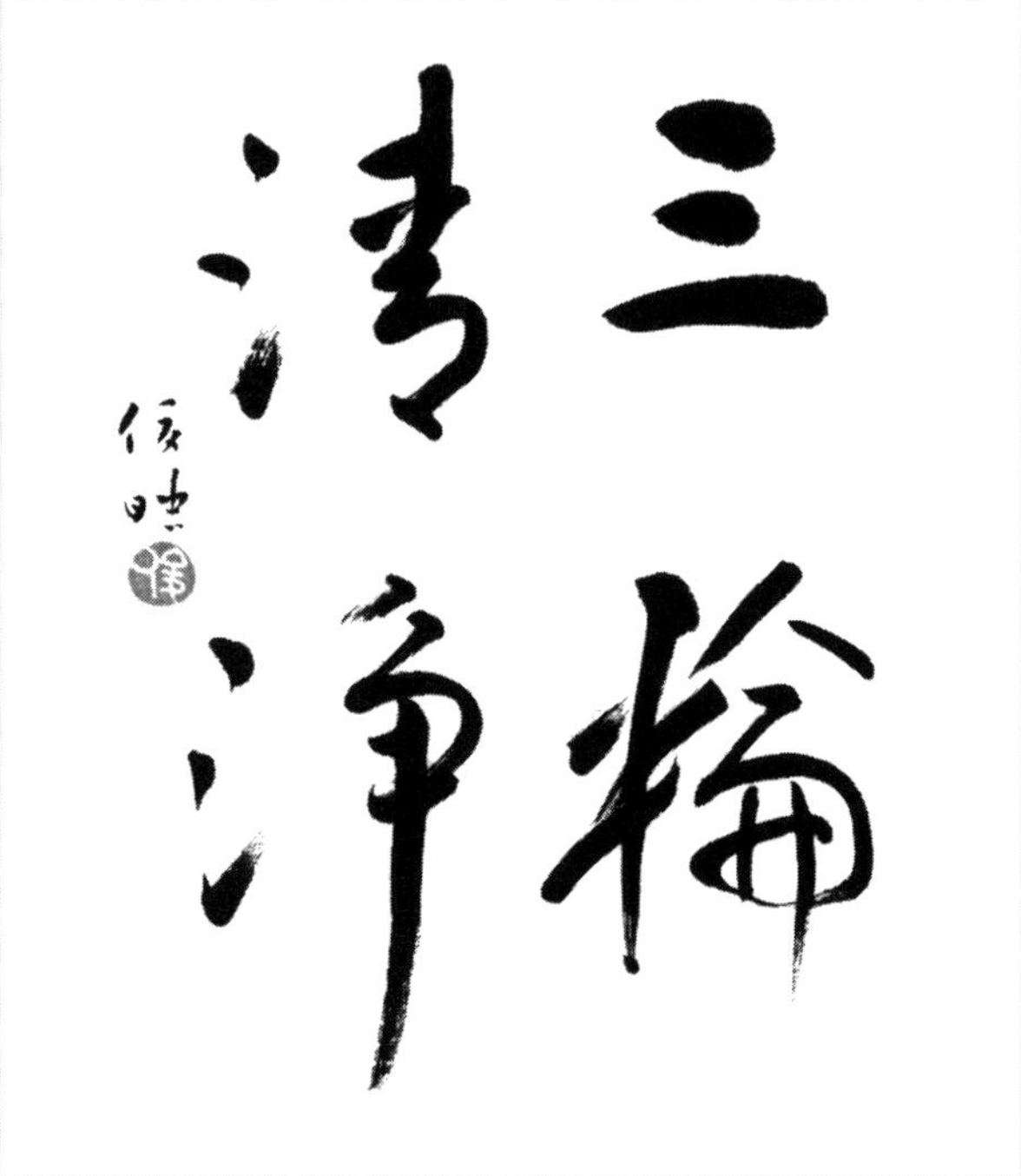

六十三

三輪清浄《さんりんしょうじょう》

物のやりとりは心のやりとり

日本は贈答社会だ。たしかに、物のやりとりが多い。中元・歳暮から旅行のお土産まで。それに、お裾分けもある。

人さまから物をもらって、そのままにするのを「もらい捨《ず》て」という。贈答社会では、それはあまり良いことではない。「お返し」というコトバはすでに、中世末・近世初頭の『多聞院《たもんいん》日記』（興福寺僧の日記）に出ている。わが社会の、物のやりとりは根が深いのだ。

それで経済も動くのだから、何も悪いことではない。が、「もらい捨て」にせず「お返し」することが、単に感謝の表意だけなのかどうか——。いわゆるチャラ、差し引きゼロにしておこうという気持ちがない、とはいえない。そう考えると、物のやりとりは、なかなか微妙な心理のやりとりでもある。

三輪とは、能施《のうせ》（物を贈る人）・所施《しょせ》（物を贈られる人）・施物《せもつ》（贈られる物そのもの）のこと。正当に入手された物が、贈る人から贈られる人へとやりとりされる。そして、そこには、いささかのわだかまりもない——。そういう理想的な物のやりとりを、仏教では「三輪清浄の布施」といっている。

私たちの贈答はいわばＤＮＡだから、なくならない。それだったら、爽やかな物のやりとりを心がけたいではないか。

六十四

老若男女《ろうにゃくなんにょ》

人生の智慧の受け渡し

私たちの社会は、どうしても若者は若者同士・中年は中年同士……、しかも同性で集まるケースが多い。それに加えて同業関連でもある。

異業種交流ということがいわれて、久しい。しかし、日常ベースでさらりと、そうした交流が本当に行なわれているのかどうか。ということになると、かなりあやしい。

それに、日本は今、核家族から更に個の方向へと向かっている。いまさら、大家族に戻れないが、「老若男女《ろうにゃくなんにょ》」という言葉だけは、忘れないでいたいものだ。

社会というものは、いついかなるところであろうと、その老若男女によって構成されるのだ。

それというのも、激動の時代、過去の経験など当てにならないといわれているが、それはどこまでも、身過ぎ世過ぎのはなしであろう。

前代未聞のことが次々に起こるのだから、今までの方程式では対処できない。そこでは、過去の経験は軽い。まったく役に立たないことも多いだろう。

しかし、ひとりの人間として、与えられたいのちをどう生きるか――、はまた別の問題だ。その人生の智慧《ちえ》の受け渡しを、私たちは怠ってきた。今後のわが社会のキーワードは、老若男女である。

六十五

錯集成文《まじりあつまりあやをなす》

異質なものを歓迎しよう

私たちは社会に暮らしているから、一定の社会性が求められる存在だ。しかし、それはそれとして、自分らしくありたいとも思う。つまり、個性的に生きたいわけだ。そのいわゆる個性というものを煮詰めれば、どうなるか——。他者との異質性をどう担保するのか、おそらく、そこに収れんしていくだろう。

でも、自分の個性を主張するからには、他者の個性にも意を用い、それを認めなければならない。また、それでこそ、真の個性が発揮されると思うが、異質が混ざると、——なんだか落ち着かない。なんていう気持ちが、たとえ聊《いささ》かでも動くのなら、自己の個性を言い募る資格があるのか、と自問したい。

儒教と道教、そして、仏教という東洋の代表的な思想に学んだ洪自誠は、その著『菜根譚』（後集五五）で、

錯集成文（錯《まじ》り集まり文《あや》を成《な》す）

と述べている。

自他共に、異質なものを毛嫌いしない。イヤ、むしろ歓迎する——。そういう集合体には、文というものがあるというのだ。端的にいえば、種々さまざまなものが集まるその中にこそ、美しさがある。多様性の素晴らしさだ。「文」とは、あや・はなやか・つや（光沢）の意である。

六十六

天覆地載《てんはおおい　ちはのせる》

小さきいのち

これは、「十七条憲法」の第三条に出る言葉だ。原意はさておき、天空は覆うものであり、大地は載せるもの――。こうした天地のあり方は、自然のスガタそのものであろう。

何を事々しい、当たり前ではないか。と、思われるかも知れない。が、その当たり前がクセモノなのだ。

いま、〈自然〉が世を挙げてテーマになっている。そもそも、考えてみれば、それをテーマにしなければならないほど、人は自然の中の生活者という当たり前から遠いということなのだろうか。

けれども、遠かろうが近かろうが、自然の中なのだ。——私たちは、何か間違っていやしないか。

人の世の現場は、平等ではない。能力も違えば、職場での地位や待遇も異なる。与えられた寿命も容姿も、また、運不運においても同じでない。そこに、多くの悲哀と愉悦があり、そして、つまらぬ傲岸《ごうがん》さえもあるのだ。しかし、ともかくも、人はそこで格闘しなければ、与えられた人生を濃密に生きることはできない。もとより、疲労困憊《こんぱい》だ。

そんなときこそ思うべきだ、——自分は、大いなる自然の中に生きるものだということを。その天覆地載《てんぷくちさい》の空間は、人の世のあらゆる不平等を包含し、すべてを「小さきいのち」と括《くく》っている。

六十七

携手撫風光《てをたずさえてふうこうをぶす》

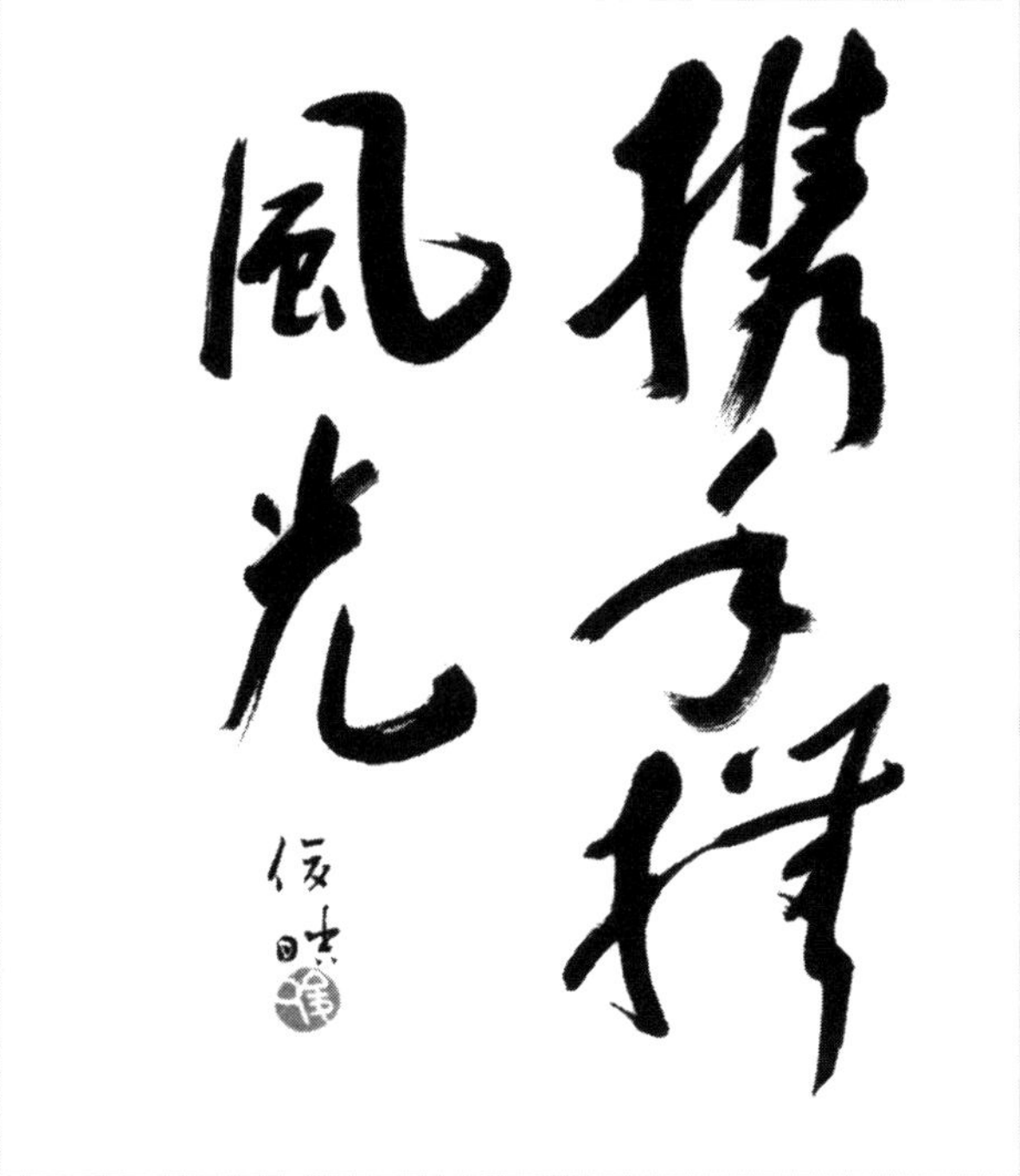

自然の中の人間として

これは、明治の文豪・森鷗外の漢詩の一句である。——いっしょに自然の景色を楽しむ、という意味だが、その自然が今、私たちの社会の重要なテーマになっている。

いうまでもなく、私たち人間がどのように自然とかかわっていくのか、それが問われている。それでいきおい、テーマも「自然と人間」である。

過日、知床半島がユネスコの世界遺産（自然）に認定された。喜ばしいことだけれど、万々歳とはいかない。先に世界遺産となった屋久島などがすでにゴミの捨て散かしに悩んでいるからだ。

モラルの低さといえば、いかにもその通りだ。が、それをいう前に、「自然と人間」という対立思考こそ、問題ではないのかと思う。

しかも、私たち人間が自然を保護するのだという。いちおう「自然と人間」とはいうが、実質は「人間と自然」。人間の方が自然より上なのだ。自然をめぐる問題のすべては、そこに起因している。

――そうじゃなくて、やっぱり「自然の中の人間」だ。自然という大いなるものに生かされている私たちなのだ。その当たり前を取り戻さないかぎり、自然は本当の姿をあらわさない。「手を携えて」というが、その深意を汲み取りたい。

六十八

大和《おおいなるわ》

日本文化の通奏低音

中近東にからむ事件が頻発している。それで何かと話題になるイスラム教だが、寛容の精神に富むといわれる。しかし、本《もと》を質《ただ》せば一神教だから、究極は、価値の一元化を目指すのだろう。加えて、ユダヤ教・キリスト教・イスラム教は同根だ。それらの調和は困難という他はない。

ひるがえって、わが日本――。仏教が、六世紀の中ごろ、朝鮮半島から伝来したことはよく知られている。先人たちは、宇宙観から人間の心の構造、認識のメカニズムまで幅広く語る仏教思想を貪欲に吸収した。

と同時に、そうして海外から導入された仏教にふれることにより、古来の神祇《じんぎ》(神道)を、改めて強く意識してもいる。――やがて、外来性の仏教と伝統性の神祇とが融合、「神仏習合」という日本独特の文化が生まれた。

八百万《やおよろず》の神々とは、多くのものに価値を見い出すということだし、仏教もまた、生きとし生けるものすべてを対象にしている。つまり、ともに多様性を尊重する。神仏はそれで、大きく和合し得たのだ。これこそまさに、「大いなる和」なんだ、と筆者は思っている。

明治以降、この大和は表向き分離した。が今も、日本文化のいわば通奏低音《つうそうていおん》としてある。その素晴らしい音色を聴こう。

六十九

森は海の恋人《もりはうみのこいびと》

すべてはつながっている

これは、気仙沼湾で牡蠣《かき》の養殖業を営む畠山重篤《はたけやましげあつ》さんたちの、キャンペーン標題である。

彼らは、わが海を守るために、湾に注ぐ大川《おおかわ》の水源・室根《むろね》山に植樹する運動を展開しているが、これはそのキャッチフレーズなのだ。近くの手長野《てながの》に起居する歌人の熊谷龍子《くまがいりゅうこ》さんの、

森は海を海は森を恋いながら悠久よりの愛紡ぎゆく

から生まれたという。いうまでもなく、腐葉土に含まれる森の滋味が川を下って海に注ぎ、汽水域を生成して海を豊かにするのだ。

初秋の一日、畠山さんに導かれて、気仙沼の海と室根山とを双方からしげしげと眺め、その両者をとりもつ大川に親しんだ。

この「森は海の恋人」という素晴らしい言葉は、——すべてはつながっている、ということでもあろう。ものごとのプリミティブな形とは、そういうものだ。そして、そこにもどることで、私たちはふたたび、豊かな世界の住人たり得るのだと思う。

それにしても、私たちは当面の都合だけで、関係性の有無を判断し、無いとみれば、ものの見事にバッサリと切り捨ててしまう。そうして、わが世界を自ら狭くしている。視線を遠くに投げかけて、頑《かたく》なになった心をほぐしたい。

七十　自然《しぜん》に仕《つか》える

人は自然の一員にすぎない

ここ数年、自然災害がすさまじい。
私たちはまだ何とか、豊かな四季のうつろいを楽しんでいるが、それもだんだん怪しくなってきている。たとえば、暑い夏場の雨の降り方。それは夕立というより、むしろスコールに近いのではないかという場合が、明らかに増えている。そして、近年、夏から冬へ、冬から夏へ、と直結しつつある。

地球温暖化が指摘されて久しい。が、自然の一員にすぎない人間の都合が、相変わらず優先されている。「人間と自然」という対立思考で、自然保護だのスローなライフスタイルだのといっても、ダメなんじゃないか、もう。

そういうのはみな、いってみれば、技術論だ。しかし、こうしたら自然にやさしい、なぞとマヌケな議論をしているヒマなんてあるのだろうか。

――自然に仕える。とは、自然農法の福岡正信《ふくおかまさのぶ》の言葉だ。正確には「自然に仕えてさえおればいい」。

福岡の自然観は、流転という変化はあっても発達はない、それが自然というものであり、

自然は本来人間の容喙《ようかい》を許さない(『自然農法　わら一本の革命』)。

そして、技術者は技術者である前に、哲学者でなきゃいけない、という。哲学とは、自然の一員としての自覚だろう。

七十一

山川《さんせん》不与人倶老《ひととともにおいず》

悠々たる天地の間で

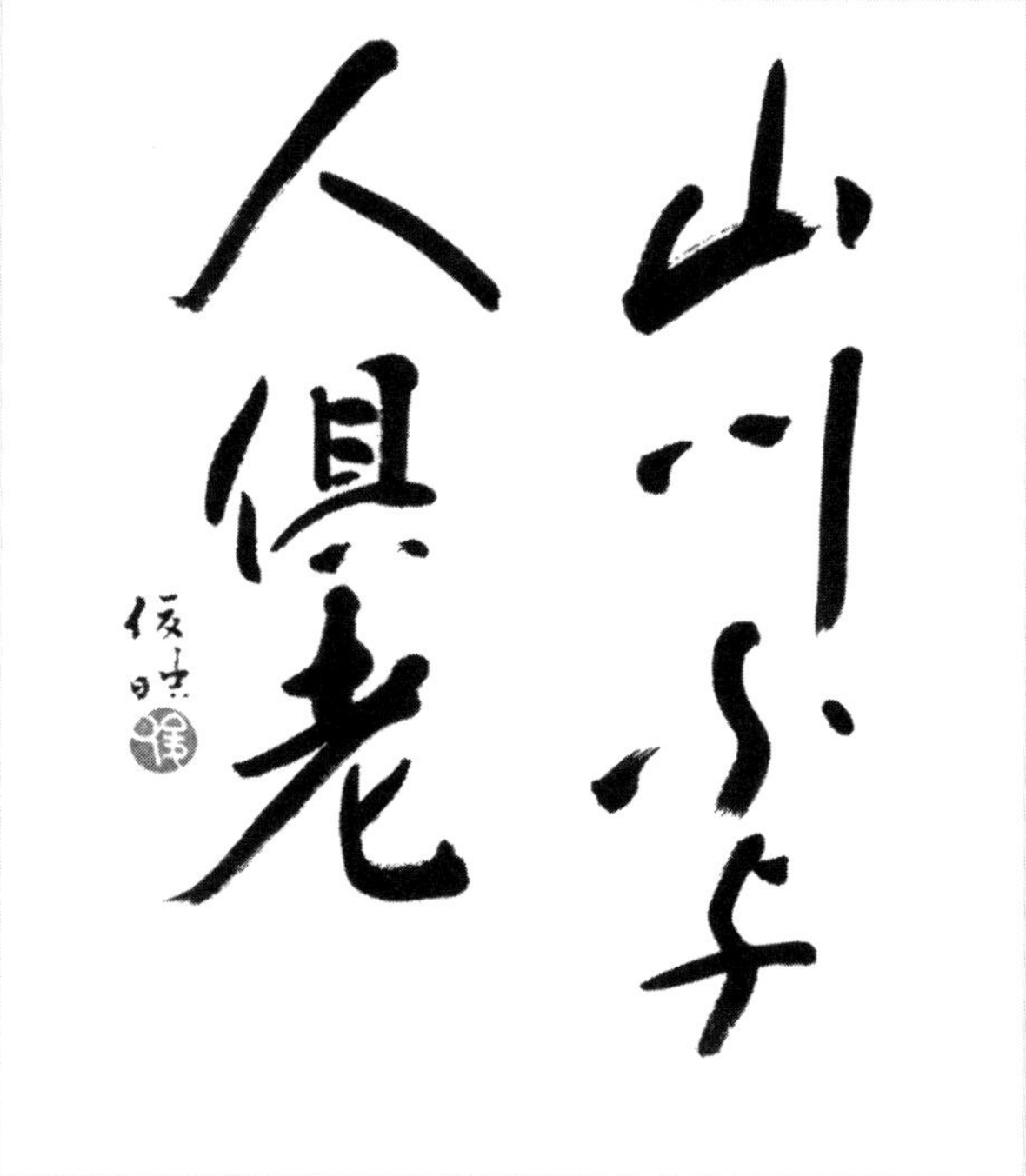

十二世紀・南宋の陸游《りくゆう》に、

山川不与人倶老（山川、人と倶に老いず）

という一句がある。自然は老いず、ただ人だけが老いてゆく、という意味だ。いうまでもなく、自然もまた、生成変化の中にある。が、そのサイクルが実にゆったりしているのだ。

過日、北海道・富良野にある東大演習林に遊んだ。奥深い森の中に育つ高さ一メートルほどのエゾマツが、なんと樹齢三十年というではないか。その若木が天にむかって聳《そび》える頃、私たちは、とうの昔にこの世から雲散霧消している。

そんな悠々たる天地の間で、ひとり人間だけがコセコセし、チマチマしている。思えば、あまりにも慌しい人生である。

いま、私たちの重要テーマは自然だ。それは異論がない。そして、そのテーマへの取組みはいわゆる自然保護である。

しかし、それは、どこまでも人間の都合を基準にし、その範囲内での自然保護なのだ。そうした保護思想は、こうすればこうなるという技術論になるのだけれど、自然の一員にすぎない人間の都合であみ出された技術だけで、悠久の自然をコントロールすることなぞできない。

問題は、そんな表面的な技術論を手放したところにあるのではないか。

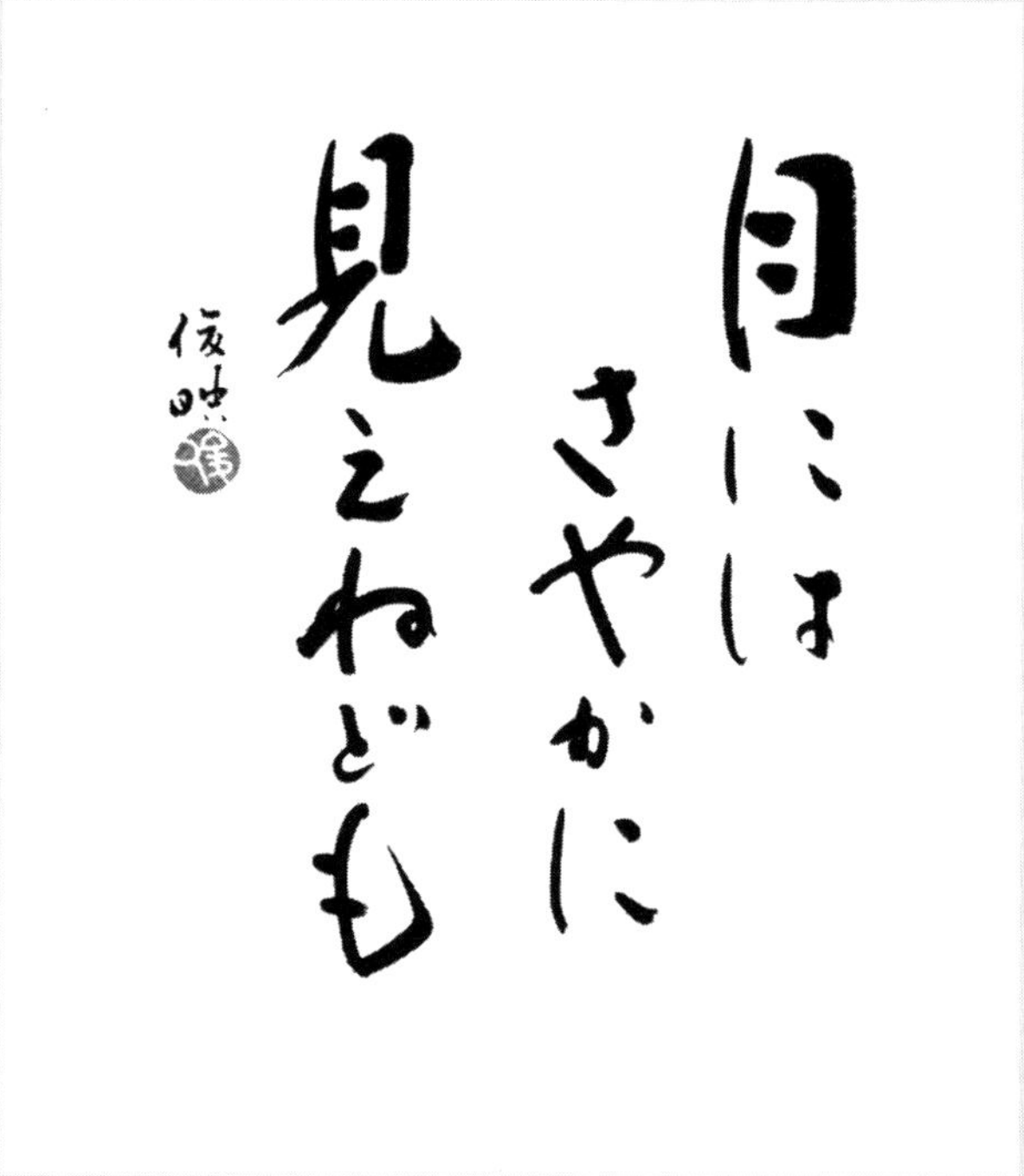

七十二

目にはさやかに見えねども《めにはさやかにみえねども》

自然に寄り添う感覚

近年、夏の暑さは尋常でない。
立秋を過ぎて暑いのを残暑というが、まあ、盛夏そのもの——。その後もしばらくは、高温多湿の日々がつづく。暑いから冷房をガンガン利かし、ギンギンに冷えたビールか何かで、何とか暑気をしのぎたい気分であろう。

近年、クールビズの服装が定着し、温室効果ガス削減のために、冷房の温度も高目に設定されてはいる。しかし、いずれにせよ、ほぼ快適な人工空間の中にいるから、感覚がダメになって、自然の微妙な気配に気づかなくなっている。口では「自然に親しむ」などというが、実際は、自然から遠いところにいるのだ。

私たちを取巻く自然は、本来、なまやさしいものではない。恵みの雨もあるが、それが降り止まず、大きな災害をもたらすことだってある。自然は、人間の都合などいささかも斟酌《しんしゃく》しないのだ。

秋きぬと目にはさやかに見えねども
風の音にぞおどろかれぬる

とは、『古今和歌集』に収載される藤原敏行《としゆき》の、あまりにも有名な和歌だ。

古人《いにしえびと》の感覚は、きびしい自然に寄り添う中に、このように鋭敏にとぎすまされたのだ。後代、後白河法皇もこれを——そよ、秋きぬと目にはさやかに見えねども……と、白拍《しらびょう》子《し》相手に歌ったという

七十三

魂は暗がりに宿る《たましいはくらがりにやどる》

どうにも止まらないものを止める

人間には、静寂と沈黙と空間が必要だが、世は喧騒と饒舌と画面だと、第一章「動止」で指摘した。しかし、それにしても、だ。私たちの社会はものの見事に、一年三六五日、光と音のページェントである。——みんな、もう疲れ果てている。と、私などは思うのだが、それでも、光へ、音へ、と突き進む世の中だ。

おそらく、習慣化してしまっているのだろう。そういえば、かつて「もうどうにも止まらない」という歌詞があった。心は、ひだも何もかも干からび、ザラザラの肌荒れ状態。そこにはもはや、他人《ひと》を思いやる余裕なぞない。ただただ自分のことだけ。といいたいが、その自分だって、あやしいものだ。

先日、ふらりと立ち寄った古本屋で手にした伊良波盛男《いらはもりお》の詩集『アーラヤ河紀行』（砂子屋書房）に、つぎのような数行をみつけた。

暗がりに深くゆったり馴染んで在ると、
ありとあらゆるものの魂は、
おのずから鎮静して暗がりに宿り、
しんにこころゆくまで安らぐのである。
ゆったり脈打ついのちの歓喜が身にしむ。（「暗がりの安らぎ」）

——これはもう、いま流行《はやり》の底の浅い癒しなんかじゃない。芯のしんからの潤い、だ。

今日こそ、立ち止まろう。

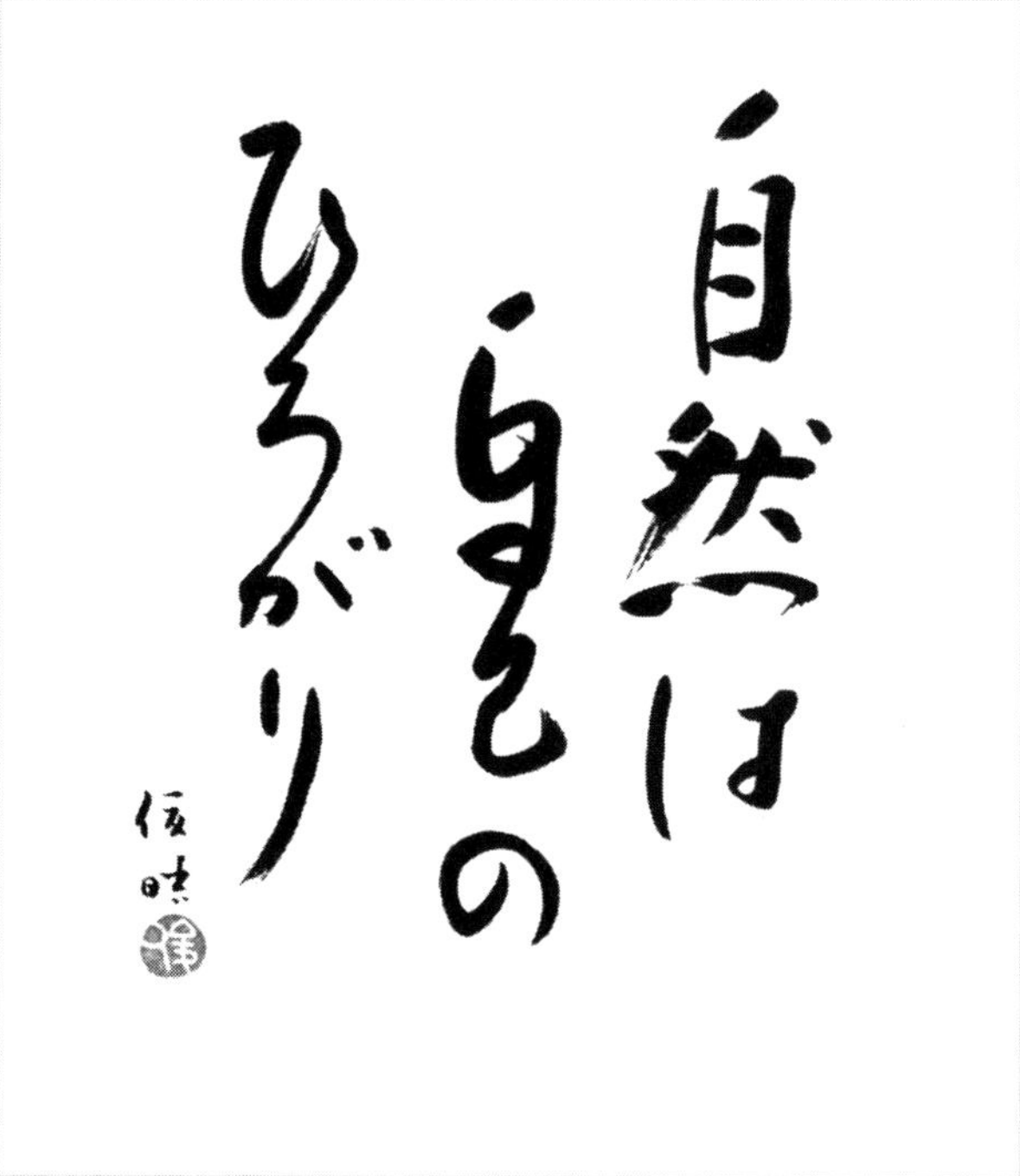

七十四

自然は自己のひろがり《しぜんはじこのひろがり》

自然を対象化する傲慢さ

いつだったか、世界の屋根ヒマラヤの麓におびただしく放置された、色とりどりの酸素ボンベの写真をみたことがある。

――なんちゅうこと、するねん。と、思わず、その不可解ではしたない行為に心中ひそかに毒づいた。その後、それらを回収するボランティア活動も行われているとは聞く。が、それはそれだ。

容易に人を寄せつけぬ過酷な高峰に挑み、ついにこれを征服した。その高揚感からふと、使用済みの品を放りっぱなしにしたのか。あるいは、一度登頂したら、もうその自然は用済みなのか。

いずれにせよ、あんなに無垢な自然の中にいて、平気でゴミを散らかして帰ってくるなんて、やはり不可解という他はない。

そんな彼らはおそらく、自然と人間は別物と考え、自然を対象化しているのであろう。一方、ゴミを回収し、自然を美化するのは立派な行為といいたいけれど、これとても、対象化された自然だ。

しかし、こうした考えでは、自然は汚され破壊されつづけるにちがいない。この点、種田山頭火は、

自己を自然の一部として観ると共に自然を自己のひろがりとして観る

と述べている。この心得なくしては、わが地球も危うい。

七十五

みちおほち《みちおほち》

無限空間の中の自分

「みちおほち」とは、宇宙をあらわす仏教語の三千大千世界の「三千大千」を国語風に表記したもの。良寛のいわば造語で、つぎの短歌にみえる。

あわ雪の中に顕《た》ちたる三千大千世界《みちおほち》
またその中に沫雪《あわゆき》ぞ降る

あわ雪の降る中にじっと佇《たたず》んでいると、何もかも包含する宇宙が立ち顕《あらわ》れてくるのがわかる。あ、そんな中にもまた、あわ雪が舞っているわな。――とでも翻案できるであろうか。いずれにせよ、あわ雪の降るのを凝然《ぎょうぜん》と見つめる良寛と宇宙とが、そのあわ雪を介して一体になっているのだ。よく開かれた心とか豊かな心とかいうが、実にこれなのだ。

私たちの、越すに越せない心の垣根なぞというものは、ここにはない。みちおほちの広々とした空間を、行ったり来たりの自由往来だ。

三千大千世界のことを、かの南方熊楠《みなかたくまぐす》(一八六七～一九四一)は、

無尽無究の大宇宙の大宇宙のまだ大宇宙を包蔵する大宇宙

と述べている。言い得て妙、ともかく果てしないのだ。

人間には空間が必要といわれるが、その空間とはまさにこれで、まちがっても、ゴルフ場のちゃちな人工空間と混同してはいけない。

――きょうは手初めに、遠くの空を凝然と見つめてみようではないか。

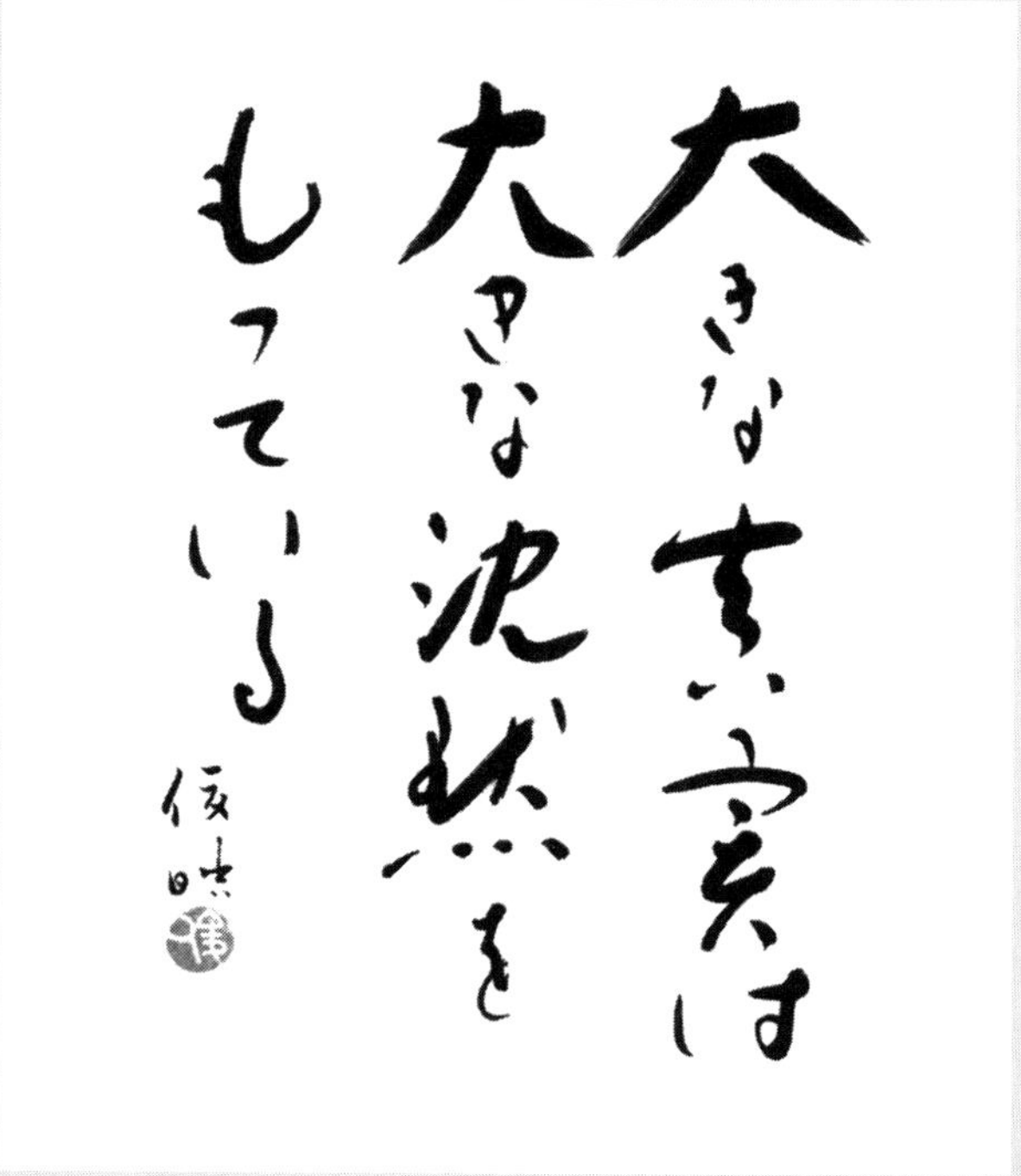

七十六

大きな真実は大きな沈黙をもっている《おおきなしんじつはおおきなちんもくをもっている》

言葉を超えた世界に遊ぶ

鉢の中の水はきらめいている。 海の水は暗い。
小さな真実は明晰な言葉をもつが、 大きな真実は大きな沈黙をもっている。

東洋の詩聖タゴールに、このような短詩というか語録がある(『タゴール詩集』山室静・訳)。

いま、私たちの社会は、説明の時代だ。説明責任という言葉も違和感なく聞こえるし、じっさい、何かにつけて説明やコメントが求められる。それも、手際よく過不足のないものを、だ。

そうした手際のよい説明を受けたほうも、――いや、よくわかりました。などと応じて、それでおしまいである。考えてみれば、私たちはものの見事に、軽くヒラヒラした時代に生きている。

明晰な言葉で示される小さな真実とは、真実の皮相・うわべのことであろう。しかし、言葉とは所詮、そこまでのもの。そこから先は、沈黙の世界なのだ。

むろん、説明が要らないというのではない。でも、それはどこまでも端緒《たんしょ》。つまり、それを手がかりに、言葉を超えて広がる世界へと思いを寄せるのだ。「大きな真実は大きな沈黙をもっている」とは、実にそこから先が大事なのだ、ということ。言葉を超えた世界に遊ぶことは、人に重厚さを与えるだろう。

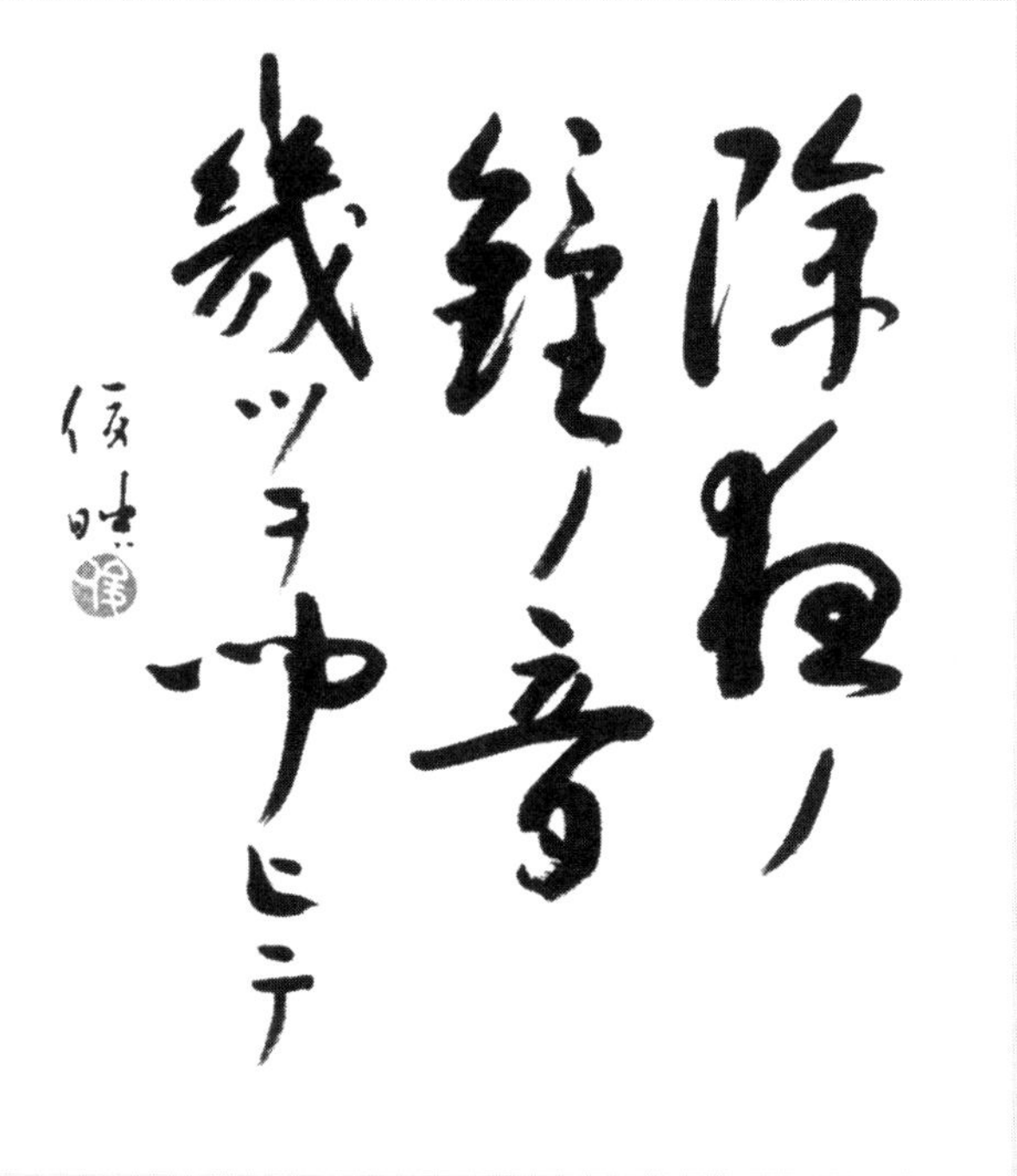

七十七

除夜ノ鐘ノ音《じょやのかねのね》幾ツヲ聞ヒテ《いくつをきいて》

静かに一年を閉じる

除夜ノ鐘ノ音　幾ツヲ聞ヒテ
後ノ一ツデ　オメデタウ

どこで聞いたのか、かつて柳家三亀松《みきまつ》が唄ったこんな都々逸を、なぜかはっきりと憶えている。思わせぶりな上の句に、下の句はズッコケ。その落差で、お客の笑いを誘ったのかも知れない。

が、百八つの除夜の鐘が鳴り止めば、なるほど新年なのだ。また、そういう除夜の鐘こそ、本当の撞《つ》き方だという。

この前、二十世紀が終わり二十一世紀が始まるという年末、世の中いたるところで、カウント・ダウンが行なわれた。大声で……五・四・三・二・一、ゼロ！　二十一世紀は、ロケットの飛出しよろしく始まって、大騒ぎだった。

もっとも、除夜の鐘も、後の一打で新年だから、ある種のカウント・ダウンとみても、あながち間違いでもあるまい。しかし、それにしても、「除夜ノ鐘ノ音、幾ツヲ聞ヒテ……」は、実にしんみりしている。

初更お歌来る。炉辺に茶を喫して静に年を守る……、除夜の鐘鳴りやみし時、お歌の帰るを送りて門外に出でて見るに、上弦の月は既に没し……。

とは永井荷風、昭和二年末の日記だ（初更は午後七時過ぎ。傍点、引用者）。

年中、喧騒の世の中である。年の瀬ぐらいは、かくあるべし。

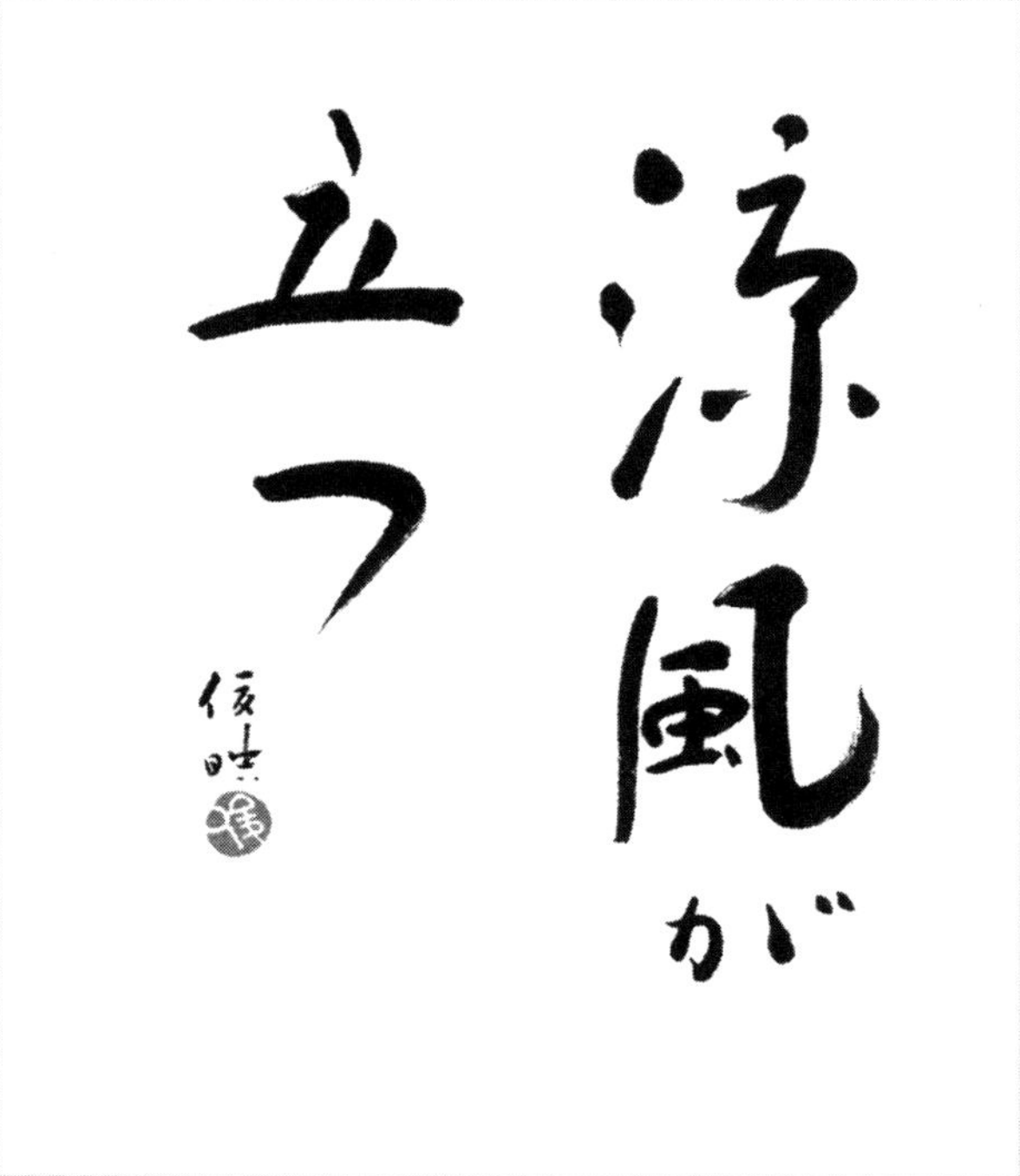

七十八

涼風が立つ《りょうふうがたつ》

成熟した言葉遣い

近年、日本語が荒れているとか、変だとかいわれる。ことばは変化していくものだから、必ずしもそうは思わないが、ひどいのも確かにある。

それに、［本］［酒］［薬］——。何の変哲もない、ただバカデカイ文字だけの看板が、いたるところにある。

看板だから目立てばいい、というものでもあるまい。何か、そこに一工夫がほしい。それが文化だと思うが、あまりにも芸がなさすぎるのだ。

まだ、ある。生茶に生足……。こうなると、荒れてるとか変というより、語感をふくめた全体の程度の問題であろう。

「涼風が立つ」は森鷗外の妹・小金井喜美子の随筆にある珠玉のことば。

兄は食物では新しい野菜を好まれましたが、全体にひどい好き嫌いはないようでした。

で、はじまる「レクラム料理」に出てくる（『鷗外の思い出』）。

漬物もよく上りました。野菜の多い夏が重《おも》です。茄子、胡瓜《きゅうり》の割漬、あの紫色と緑色とのすがすがしさ。それに新生《しんしょう》薑《が》を添えたのが出ると、お膳の上に涼風が立ちます。

（傍点、引用者）

もうこれだけで、自らさわやかな風が動くではないか。成熟した言葉遣い、という他はない。もちろん、ご満悦の鷗外の顔も見える——。

第四章　仏の教えと唯識

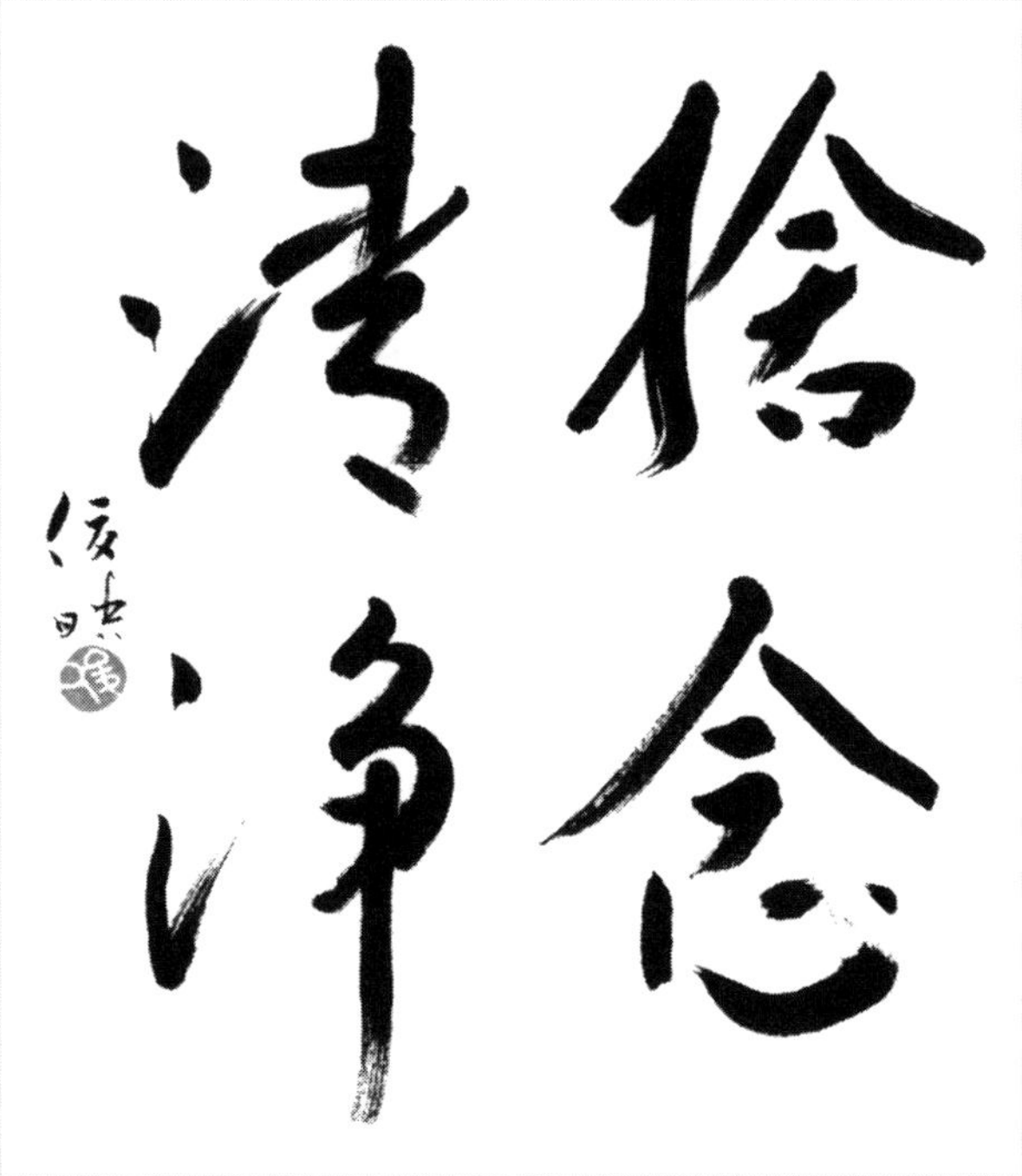

七十九

捨念清浄《しゃねんしょうじょう》

まずイメージしてみよう

私たちの生活する場は、あらゆる欲望がうずまいている。そこで、仏教ではズバリ「欲界」という。

もちろん、そうした欲望が必ずしも満たされるわけではない。というか、むしろ満たされない場合が多く、欲界では、人の心は千々に乱れるのだ。

そこで、いっそのこと――。あらゆる欲望から離脱だ！　離脱だ！　離脱だ！　と、どこかで聞いたような気合で、欲界を一直線に駆けぬけたならば、そこは「色界《しきかい》」である。色とは、物質のことだ。つまり、欲望は超越したけれども、身体はまだそのままだし、なお、まわりにはいろいろな物がある世界だ。この色界には四つのレベルが想定されていて、その最高レベルが四禅天《しぜんてん》。これをまた、「捨念清浄の地《しゃねんしょうじょう》」という。

私たちの欲望は一見さまざまだが、愛と憎しみに要約できるといわれる。ドロドロとした憎愛の念を、ものの見事に捨ててしまえば、そりゃあ、さぞかし清清《すがすが》しいことだろう。とは想像に難くない。

しかし、想像はともかく、そんなこと実際にできるもんか、という声が言下に聞こえる。

だが、ちょっと待て、である。イメージできるということは、それだけ実現可能だということでもあるのだ。

八十

五根五力《ごこんごりき》

自分を成長させる力

五根五力は、根《ね》とも力《ちから》とも喩《たと》えられる五つの心所《しんじょ》（心のはたらき）のことだ。五根と五力だから合わせて十、ではない。

その五つとは、①信《しん》②精進《しょうじん》③念《ねん》④定《じょう》⑤慧《え》で、くだいていえば次のようになる。①真なるものに、わが身わが心を委ね切ること。まあ、遠くに見定めた目標にいささかもブレない気持ち、か。②目標達成の努力を継続する。③目標を常に確認する。④その目標に一点集中する。

そして、これら信・精進・念・定という心のはたらきがダイナミックな流れとなった時、ものごとの本質を洞察する⑤慧が立ち現われ、つまりは、目標達成がなされる——。

これら五心所を「五根五力《ごこんごりき》」というのは、ちょうど植物の根が土中の水分や養分を吸い上げ、その植物を成長させるように、私たちを成長させるので「五根」といい、また、そういう根には、植物を大きく成長させる力があるので「五力」というのだ。

これは、他ならぬわが心のはたらきこそ、自分を変化させる力なんだ、という仏教の考え方を端的に示した言葉だ。しかも、うれしいことに、私たち誰もが、この五根五力を均等に付与されて、この世に生を受けたのだという。

——おたがい、宝の持ち腐れに御用心だ。

八十一

心外無法《しんげにほうなし》

認識は常に変化する

ものごとの認識は、主観《しゅかん》が客体《きゃくたい》としてある対象（客観《きゃっかん》）をとらえることによって成立する。——というのが、ふつうの考えだ。しかし、西暦五世紀頃、西北インドに出たアサンガが深化させた大乗仏教(唯識《ゆいしき》)は、「心外に法なし」と主張する。「心外無別法(心外に別法なし)」ともいう。

私たちは、自分のみているものを、自分と離れて「それそのものとして在る」と思って疑わない。が、そんなものはどこにもなく、実に、みている自分の「心の表出」なのだ。

そこで、心を単に「心」といわず、「能変《のうへん》の心」という。

それは、ものごとを認識する側の心が、認識の対象を、

●過去の体験、経験のすべて
●自分の都合、自己中心性
●問題意識の有無や濃淡

などの個体的条件を通して、変形してやまないからだ。

唯識は、そのように自分流に変形したものを対象にして、認識は成立していると考えるのだ。つまり、そんな認識対象なぞ、はっきりいって、ない——。「心外に法なし」とは、そういう意味だ。

じっさい、越すに越せない心の垣根などという。現実にそんな垣根があるわけでもなく、わが心が作り出したものだ。気がつけば越えていたという程度のもの。

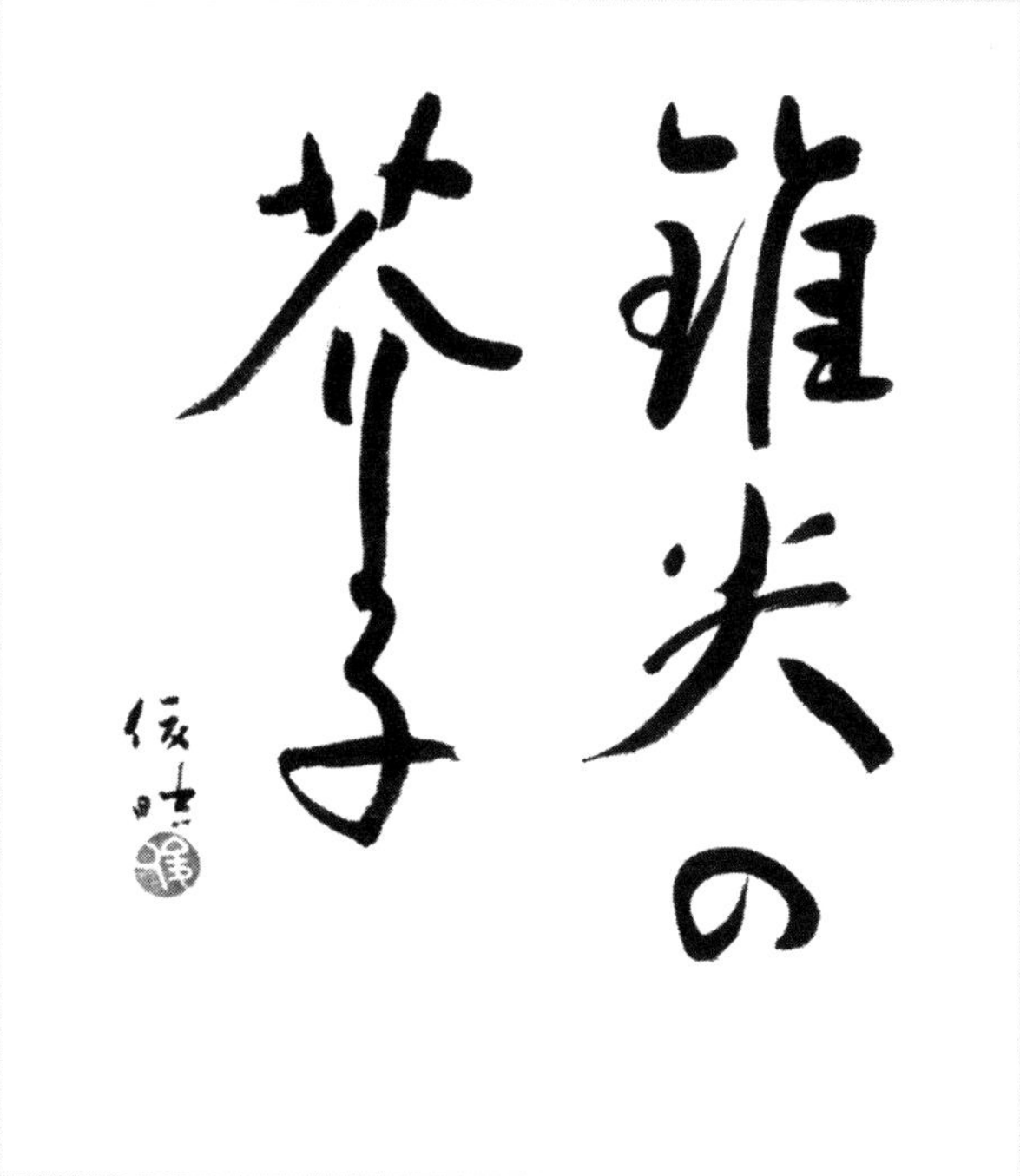

八十二

錐尖の芥子《きりさきのけし》

自己の心を観察する

仏教の創唱者・釈尊《しゃくそん》の言葉そのものは、伝わっていない。が、『スッタニパータ』は、釈尊の肉声を髣髴《ほうふつ》させるといわれる。同書につぎの言葉がある。

芥子粒《けしつぶ》が錐《きり》の尖端から落ちるように、愛著《あいじゃく》と憎悪と高ぶりと隠し立てとが脱落した人、——かれをわたくしはバラモンと呼ぶ。

錐の尖端に芥子粒を置くと、すぐに落ちてしまうが、まさにそのようにスルリと、愛著・憎悪・高ぶり・隠し立てを脱落させた人こそ、バラモン（清浄なる人）なのだ、というのだ。

ここで取り上げられている愛著など四つは、いうまでもなく善くない心の働きである。好都合なものはこれを貪り、不都合は毛嫌いし、排除しようとする。そして、ちょっとうまくいくと慢心し、鼻持ちならず、具合の悪い自分の行為は隠蔽《いんぺい》して、バレないかと心配する——。

しかも人の世だから、好都合がいつまでも好都合ではない。それが不都合になれば、愛著は一転して憎悪だ。

こうした不安定な心の調整が仏教のトレーニングだが、むやみに不善の心作用を抑え込もうとするのではなく、むしろ、不善にいろどられた自己の心を冷静に観察しつづけたい。その彼方に、錐尖《きりさき》の芥子の脱落がある。急がば回れ、である。

八十三

行けたらといつか思った《いけたらといつかおもった》

すべては心から始まる

宗教はそもそも唯心論だが、それを先鋭化して、すべてを心の要素に還元して考えるのが、仏教の唯識思想だ。もちろん、物の世界はある。というか、私たちは、そういう物の世界の中に住んでいる。それが厳然たる事実だ。

――すべては心だ、といっても、たとえば、東京と大阪の間には一定の空間がある。現在、その移動に新幹線で二時間三十分ほどかかる。二時間三十分は二時間三十分だ。それ以上でも、それ以下でもない。物の世界とはそういうものだ。

が、その二時間三十分が速いか遅いかは、また自ずから別の問題だ。そして、そこのところに、さまざまに展開する心の世界があるということだろう。

北原白秋の童謡に、「海の向う」というのがある。

あの島へ漕《こ》いで行けたら、
行けたらといつか思つた、
その島にけふは来てるよ。

今日その島に来ているのは、いつだったかに「行けたら」と思ったからだ。そうした心の動きがなければ、その島なぞに来ていない。

この点で、私たちは物の世界の中にいるにもかかわらず、――すべては心なんだ、と言い切ってもいいのだと思う。

白秋はこの「海の向う」を、――今度こそ遠く行かうよ。と結んでいる。

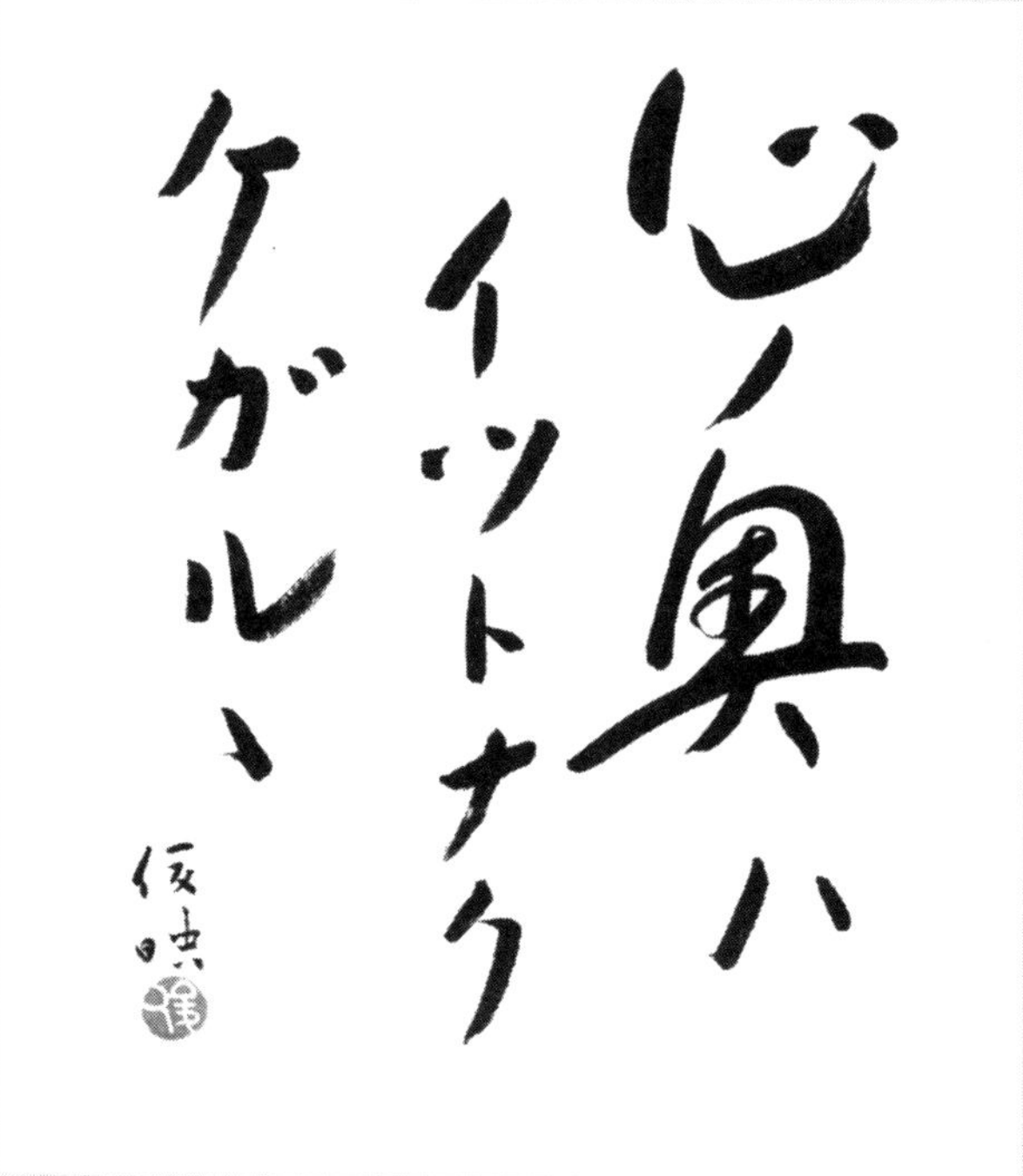

八十四

心ノ奥ハ《こころのおくは》　イツトナク《いつとなく》　ケガルヽ《けがるる》

自己中心的な自分

無意識の心に注目する唯識仏教は、西暦五世紀頃、インドで大成した。日本には七世紀後半に導入され、天平の世にさかんに学ばれた。

意識はいわば氷山の一角。その下部というか背後には、茫漠《ぼうばく》とした無意識の世界が広がっている——。その全体が私たちの心であることは、今や常識だ。八世紀の日本人がすでに、そのことを探求していたことはあまり知られていない。

その心の深層領域に、末那識《まなしき》と名づけられた自己中心性がうごめいている、と指摘される。末那とは、サンスクリット語の「マナス」の音写。いつも自分のことだけを考えている、という意味だ。

鎌倉時代の良遍《りょうへん》は、それを、——心ノ奥ハイツトナクケガル〉……と表現した。

むろん、表層の意識にも自己中心性がある。誰でも、このオレが——、というところがあるが、それを押さえたり薄めたりしながら、世を渡っているのだ。

友人と仲たがいして、頭に血がのぼって帰ってきた。が、落着いてみれば、——イヤ、ちょっと我《が》を張りすぎたな。などと、殊勝な気持ちにもなる。

しかし、心の深層では、それと同時進行で、自己中心を是《ぜ》としているという。しかも、それが通奏低音なのだと。人間性に関するよしあしは、単純ではない。

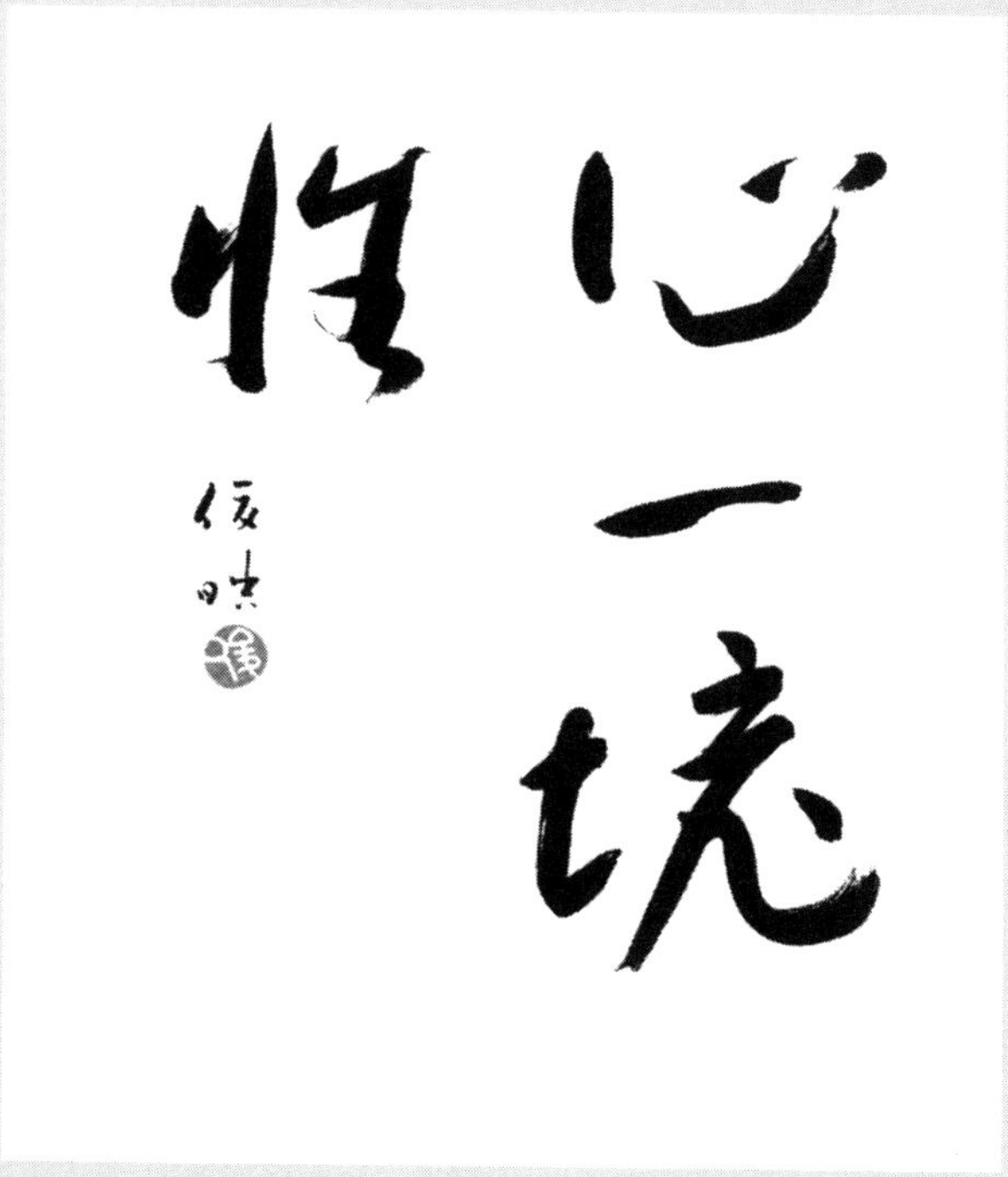

八十五

心一境性《しんいっきょうしょう》

欲望と苦はリンクしている

あれも欲しいし、これも欲しい——。正直にいえば、あれもこれも手に入る人生でありたい。が、そうはいかない。

仏教が看破した人生苦の中に、求不得苦《ぐふとっく》というのがある。そのものズバリ、求めて得られぬ苦しみだ。むろん、手に入ることもある。しかし、欲望の肥大化はほとんど習性だから、欲望と苦とは、本質的にリンクしているのだ。

百も承知だが、欲しいものはやはり、のどからも手が出る。——でも、そのときは、のどから手が出ている自分の姿をリアルに想像しましょう。グロテスクといったら、ありゃしない。大概はそれで、出た手も引っ込むだろう。まあ、美意識があれば、の話だが。

それはさて、あれもこれもの生活は、心を散漫にさせて止まない。これは無防備ということに等しいから、よからぬものにどうしてもつけいれられる。

その散漫になった心を調整するには、何ほどか、一なるものに集中させる他はない。その心の集中を「心一境性」という。一境とは、一つの対象という意味だ。

わが私淑の人は、弓道の的《まと》を指して、なぜマトというのかと問うて、——自己のすべてをマトめるからだ、と独白した。キルケゴールではないが、あれかこれか、一なるものにひたすら集中するしかない。

八十六

心如工画師

こころはたくみなるがしのごとし

人は見たいものを見る

私たちは毎日、いろんな出来事を見聞きしながら暮らしている。それらに何ほどかかかわっていても、まあ、自分の外の出来事――。いわば客体として自己の外にあるものを、私たちは見聞している。と思って、いささかも疑わない。

それに、自分のことを考える場合でも、自分というものをいったん外に放り出し、対象化した自分なるものを、アアダコウダと思いめぐらすのだ。そして、そういう出来事も、そういう自分も確固としてある――。

でも、それは違うんじゃないか、と仏教の唯識思想は問題提起する。他ならぬ自分の心が色づけし、意味づけしたものをみているのではないのか、と。

たとえば、若い時分つまらなかった古典の作品が、齢を重ねて再読したら、実に興味深かったという経験は、誰にでもある。

その古典の内容が変化したわけではない。いわば客体だが、それを読む側の内面の深まりによって、みえるものが違うのだ。まことに、――私たちの心は、工《たく》みな画家のようなものなのだ。

しかも、自分の都合をそっと押し出し、さもそれが外に実際に展開しているように描き出すのだ。『華厳経《けごんきょう》』唯心偈《ゆいしんげ》の冒頭のことば。

八十七

為法来《ほうのためにきたるや》　求牀座《しょうざをもとむるや》

ちょっと思っただけ……

インド・ガンジス河中流域のヴェーシャーリーは今、何の変哲もない片田舎だが、釈尊在世の紀元前五世紀頃は、有数の商業都市だった。そこを舞台にした『維摩経《ゆいまきょう》』という経典がある。

主人公の維摩居士《こじ》は、在俗の長者ながら、仏教に通暁《つうぎょう》している。そんな人が病気になったというので、仏弟子の上首《じょうしゅ》・舎利弗《しゃりほつ》が見舞いに出かけた。

この病気というのが、実は仮病。見舞いの客人と、仏教問答するための仕掛けなのだが、舎利弗はまだそれに気づいていない。

さて、維摩宅に行くと、牀座《しょうざ》(椅子)がない。そこで、――どこに座るんだろう、と舎利弗は、一瞬思ったのだ。

それを見透かした維摩居士が、間髪を入れず一矢を放った。――あなたは何のためにここに来たのですか。仏法のためですか、それとも椅子に座るために来たんですか。

それはほんの一瞬、心によぎった些細なことだ。何もそんなに事々しく論《あげつら》わなくてもよさそうなものである。と、ふつうはそう考える。

が、そうした密やかな心の動きこそ、すべての「事の発端」だ。そうであれば、「ちょっと思っただけじゃないか」で、すまされる問題でないことがわかる。

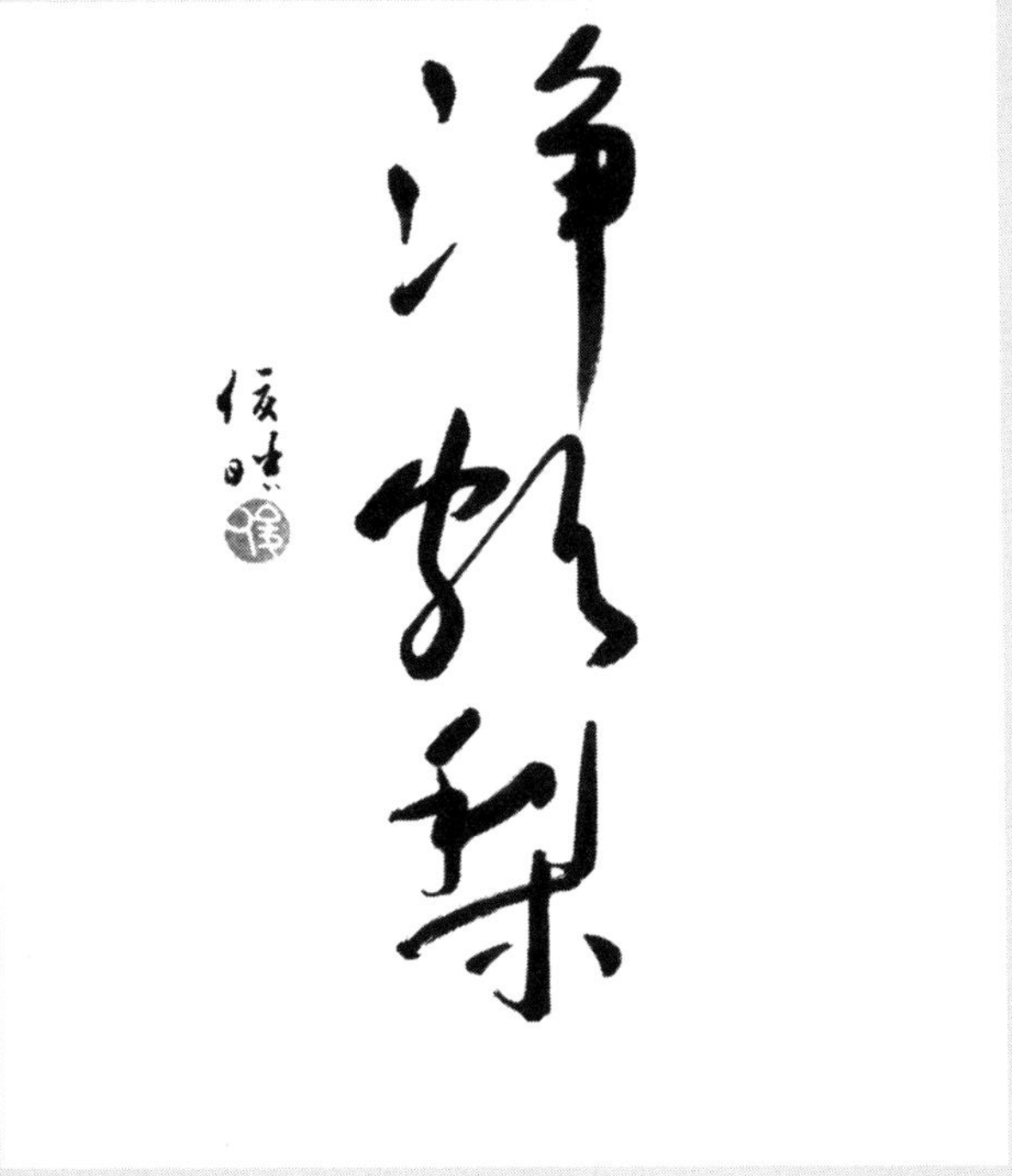

八十八　浄頗梨《じょうはり》

今日の自分が明日の自分を作る

ところは地獄の一丁目。閻魔《えんま》さんが主宰する庁舎に、亡者の生前をありのままに写す鏡があるという。

それが、浄頗梨《じょうはり》(浄玻璃とも)だ。一点の曇りもないので、そういわれる。——記憶にございません、と言い逃れしようとも、知らぬ存ぜぬをきめ込もうが、ダメなのだ。古川柳に、

浄玻璃にきまりの悪い図が写り

というのがある。——ハハァ、オソレイイリマシタ。と、かしこまる他はない。

しかし、解脱《げだつ》上人貞慶の『愚迷発心集』(鎌倉時代)に、つぎのような一文がある。

五官王《ごかんおう》の断罪はもし脱《まぬか》ることあり、浄頗梨の鏡の影はたとい写すことなくとも、転《てん》識頼耶《じきらや》の念々の熏修《くんじゅう》においては、朽《く》つべからず失うべからず。

つまり、閻魔王庁の鏡も、時として曇ることがあるかもしれないというのだ。うまく運べば、きびしい断罪も沙汰止みである。

が、仮にそうであったとしても、自分の行為の情報が心の深層に送り込まれ、それが明日の自分をつくるという心のメカニズム(転識頼耶の念々の熏修)を忘れてはいけない、と、貞慶は指摘する。——たとい閻魔大王はごまかせても、自分をごまかすことなぞできないのだ。

八十九

現行熏種子《げんぎょうくんしゅうじ》

自己を形成するもの

本当かどうか知らないが、かつてスパルタでは、盗む行為そのものは問われなかったという。問題は、ドジを踏むこと。人目をかいくぐり、巧妙にやって、バレなきゃいいというのだ。

まあ、すごいというか太い考えであるが、このテの話は、今も健在？　だ。昨今の地方自治体の首長たちの不祥事も、逮捕された輩はドジを踏んだのだ、と、思っている人もいるだろう。

そういう世間を騒がせる事件はないとしても、わが身をふり返って、問題がないとはいえない。

法令違反ではないけれど、人として、やってはいけないことがある。が、そういう行為をついやってしまうことがある。あるいは、人として、やるべきことがあるけれど、やらずじまいにおわることだって、少なくない。――それが、オレやワタシの日常世界というものであろう。

現行《げんぎょう》とは、そういうもろもろの行為のことだ。唯識仏教によれば、現行はその種子《しゅうじ》（情報）を、他ならわが心の深みに植えつけるのだ。その心のメカニズムを「現行熏種子《げんぎょうくんしゅうじ》（現行は種子を熏ずる）」という。

心の深層に植えつけられた行為の情報が積りつもって、パーソナリティーを形成する。やはり、行為が人をつくるのだ。

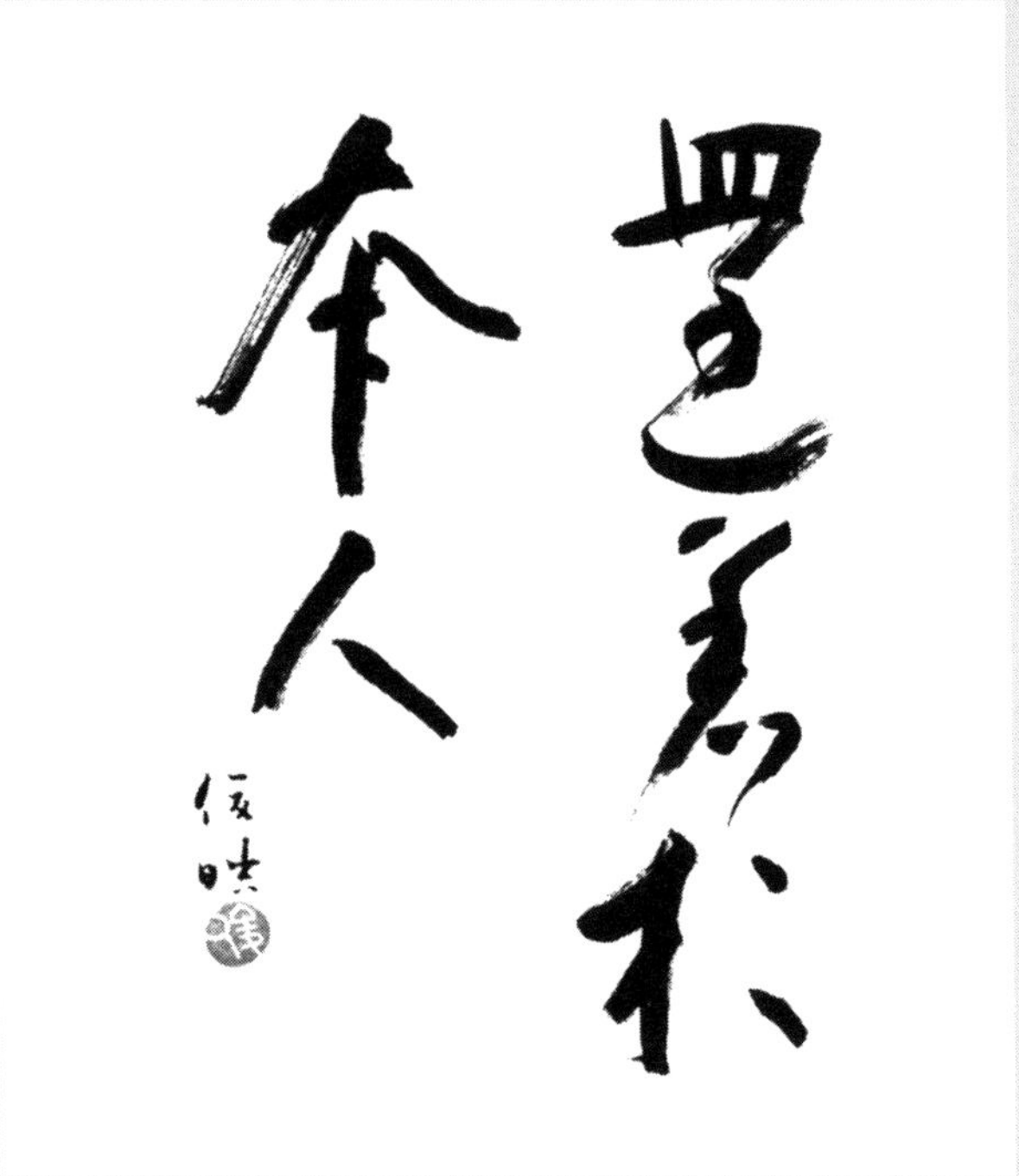

九十

還著於本人《かえってもとのひとにつく》

毒は仕掛けた人に効く

『観音経』に、有名な一節がある。

呪《しゅ》詛《そ》諸《しょ》毒《どく》薬《やく》

呪詛と諸《もろもろ》の毒薬に、

所欲害身者《しょよくがいしんしゃ》　身《み》を害されんとするに、
念彼観音力《ねんぴかんのんりき》　彼《か》の観音の力を念ずれば、
還著《げんじゃく》　於本人《おほんにん》　還《かえ》って本《もと》の人に著《つ》かん

——亡きものにしようと、呪いをかけられたり毒を盛られたりしても、観音の力を仰げば、呪いも毒も廻れ右。仕掛けた人に効いていく。という意味だ。

そんな呪殺や毒殺なんて昔話。と、いいたいけれど、ロシア情報機関の元幹部が、何者かによって、放射性物質ポロニウム２１０を盛られて殺害されたことがあった。人を殺《あや》めるこの手口は、古くて新しいものなのかもしれない。が、ふつうは、まあない——。

ならば、この一節も、そういう被害者的立場ではなく、むしろ日常の行為者として、わが身に引き寄せて読み直しても、許されるのではなかろうか。つまり、まさに仕掛けた自分に著く、と。

何が自分に著くのか——。賢明なる読者は、もうおわかりであろう。そう、わが行為の情報が、心の深層領域に植えつけられるのだ。——あんなヤツ、いなきゃいいんだ、という密やかな思いは呪殺そのものだ。そのドス黒い想念が、他ならぬ自分を深いところから汚すのだ。まさに、「還って本の人に著」くのである。

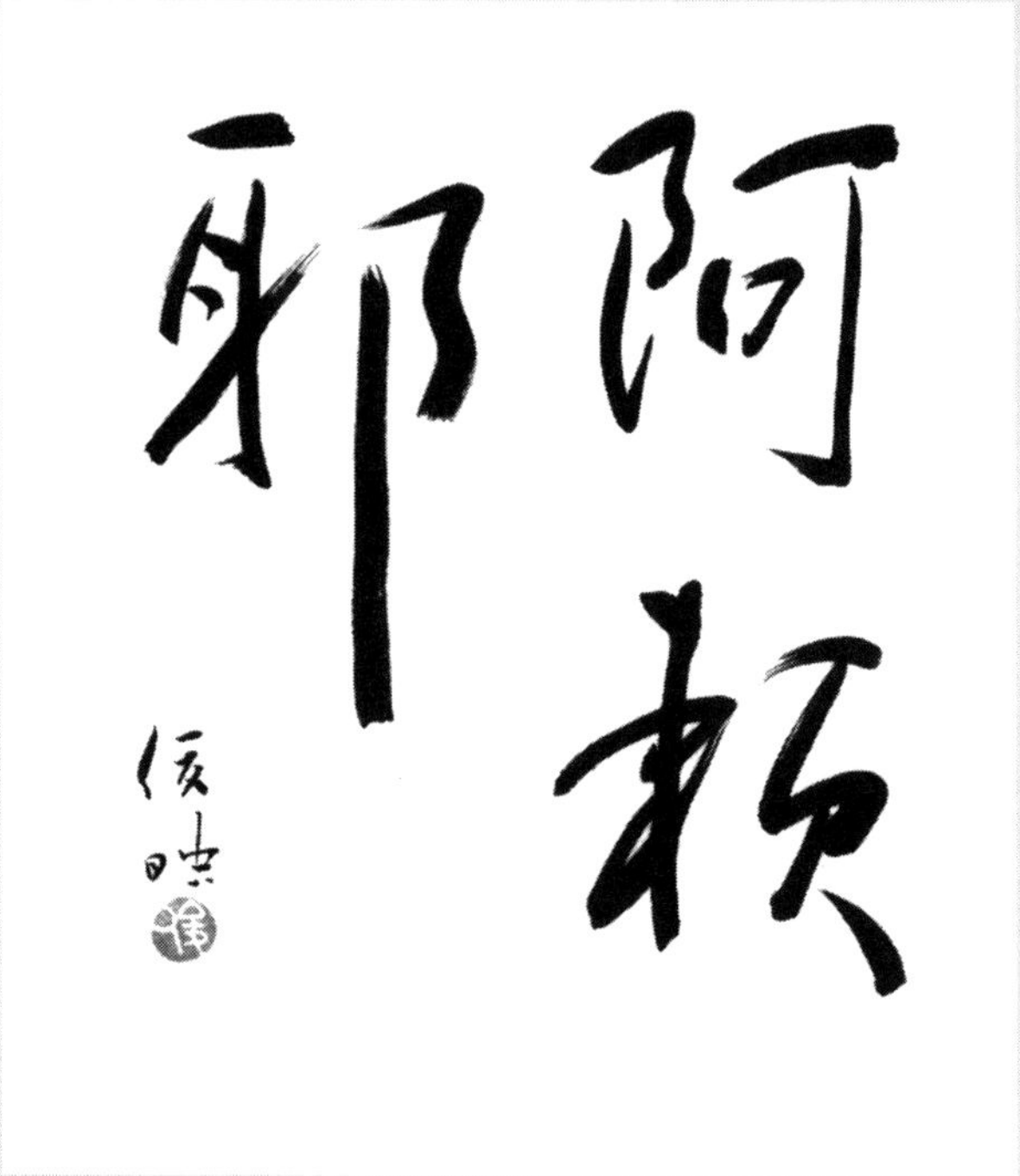

九十一

阿頼耶《あらや》

過去一切を背負って生きる

阿頼耶《あらや》は、サンスクリット語のアーラヤを漢字で示した言葉。蔵とか倉庫、あるいは、保有するという意味をもつ。インドと中国との間にそびえるヒマラヤも、実はヒマ（雪）

とこのアーラヤの合成語だ。といえば、なじみのない阿頼耶の文字も、少しは身近になるだろうか。

仏教の心理学ともいわれる唯識仏教では、私たちの心の深層を「阿頼耶識《しき》」と呼ぶ。それは、どんな行為も済めば終わりではなく、そのいわば情報が無意識の深層領域に送り込まれ保存されるのだという。つまり、心の深部は、いままでの行動情報のすべてを保有している――。それで、阿頼耶識と呼ぶのだ。

この阿頼耶識の性質は、善でも悪でもなく、ニュートラルだとみられている。つまり、わが心の深部には善い行為も悪い行為も、あるいは、成功体験も手痛い失敗の経験もすべて、その情報が保存されているわけだ。

その中には当然、不都合で具合のわるい行為の情報もあるだろう。が、心の深部は無意識の世界。不都合だからと、それを操作して無くすことはできない。

そうした過去一切を、私たちは背負って今日ここに在る――。だから、過去を捨てることなぞできない。しかし、過去を土台として跳躍することはできるのだ。

九十二

無《む》

有ることは憂きこと

ある日、こともあろうに、「有《う》」字の揮毫《きごう》を求められた。それはちょっと……と、やんわり断った。が、どうしても、という。有《あ》ることはいいことなので、好きな字なのだと

いう。

蓼食う虫も好き好きだから、人の好みに介入するつもりはないが、物が有れば、それにどうしても執着する――。だから、仏教では「有」を否定して、「無」とか「無一物《むいちもつ》」とかいうのだ。それを、「有」を書けという。世の中、変な人もいるものだと、渋々つきあった。この有と無のことを、少し考えてみよう。

物が豊かにあり、お金もそれなりにあって、別に悪いことはない。というより、むしろ、いいことだ。そのかぎりにおいて、いけないとはいえない。

ただ、悲しいかな、私たちは満足しないのだ。ものの三つもあれば、十分こと足るのに、もっと欲しくなるし、お金がたまれば、それが無くなりはせぬかと気をもむのだ。こうして、有ることは憂きことにつながっていく。

十六世紀の興福寺僧の日記に、

憂き事の一つ二つもあらばこそ三つ四つ五つむつかしの世や

という短歌がある。

現実は、有っても無くても困るわけで、私たちは、その有と無の隘路をどう歩いていくのか、それが問われているのだ。

九十三

天鼓自鳴《てんのつづみはおのずからなる》

内なる声に耳を澄ます

仏教の世界では、何か素晴らしいことがあると、七宝《しっぽう》の蓮華が雨《ふ》り、そして、百千の天の楽《がく》が、鼓《う》たざるに自ずから鳴るのだという。それを示す「天鼓自鳴」とか「不鼓自鳴」

という四字句が、いろんな経典に出てくる。

そういう光景をすなおに、愉快だ、と思いたい。が、悪しき合理主義や実証主義にどっぷりとひたる人は、——あり得ないこと、と一笑に付す。

しかし、想像力という観点からは、要するに、その人は貧困である。よく想像の翼を広げるというけれども、それを豊かに広げたところにこそ、心の豊かさも立ち現われるのだ。想像力の枯渇は、人間性を大きく損ねるだろう。

それに、この「自ずから鳴る」ところがうれしいではないか。私たちの日常は、そりゃあ、全部が全部とはいかないが、肝心なところは他ならぬ自分が仕切っている。と、思って生活している。

また、そうでないと、やってられないのだけれど、しかし、本当にそうか。私たちは、天鼓が自ずから鳴るように、自ずから行為しているか。他の動向につられて、ついふらふらと……ではないのか。

内なる声に耳を澄ませていけば、やがては、わが鼓も自ずから鳴るだろう。それが、自己実現の第一歩だ。

九十四

願自在《がんじざい》

地道な努力だけが成功をつくる

西暦五世紀頃、仏教思想を飛躍的に深化させた人が出た。アサンガという名の学僧だ。西北インドのガンダーラ地方の主要都市・プルシャプラ（現在のパキスタンのペシャワル）

の生まれで、日本では無著《むじゃく》菩薩とあがめる。

そのアサンガの主著『摂大乗論《しょうだいじょうろん》』に、
願自在《がんじざい》は、精進波羅蜜多《しょうじんはらみた》円満するがゆえに
という一文がある。

いつだったか、書店で見た平積みされた本の帯コピーに、「30分で読めて、成功力と幸運力と人間力がつく本」とあった。もとより、三十分でそんな力が身につくはずもない。もしそうなら、人間稼業なぞ屁のカッパ、何ということもない。

いくらノウハウを伝授されても、地道にこつこつとやらなければ、成功はおぼつかない。精進とは、まさにその地道な努力の継続のこと。波羅蜜多はサンスクリット語のパーラミターの音写で、理想に近づく方法の意味だ。

そうした地道さの積重ねによってこそ、願いも自在に叶えられる——。当たり前だが、いつの世にも変わらぬ普遍の道理。「理《ことわり》」というのは、いつだって当たり前のスガタで立ち現われるのだ。

近年、一途・ひたむき・地道は、暗いイメージだという。悪い冗談だろう。理をなめてはいけない。

九十五

捨《しゃ》

愛と憎しみから距離をおく

仏教語を一つだけ選べ、と言われたら、私は躊躇《ちゅうちょ》なく「捨」にする。
過日、知人に茶室の名前を付けるよう依頼された。さっそく、「捨庵」と命名した。ところがどうしたことか、他のにしてほしい、とクレームがついた。
いろいろ説明して収まったが、やはり、捨てるというのは抵抗感があるらしい。が、取り込むばかりが能ではない。捨ててこそ、ということがあるといいたい。人間にとってなくてはならぬ空気にしても、呼吸である。吐いて(呼)吸うという順番だ。出し惜しみはよくない。
ここに取り上げた「捨」は、さらに意味深長である。『維摩経』は、
捨はこれ道場なり。憎愛《ぞうあい》(共に)断するがゆえに
と述べている(カッコ内、引用者)。
日常生活の中で「捨」を実践すれば、もうその日常こそ道場なんだ、ということ。仏教の道場観を端的に示した名文だ。
はっきりいって、私たちは、愛と憎しみの交差する世界にいる。つまり、都合のいいものは、どこまでも求めて止まず、不都合なものは、毛嫌いし排除しようと躍起である。もとより、前者が愛、後者が憎しみだが、その両方を捨て距離をおいたところに、本来の世界が広がっているというのだ。未だ見ぬ世界への心の冒険、――そろそろ旅立ちの頃合いだ。

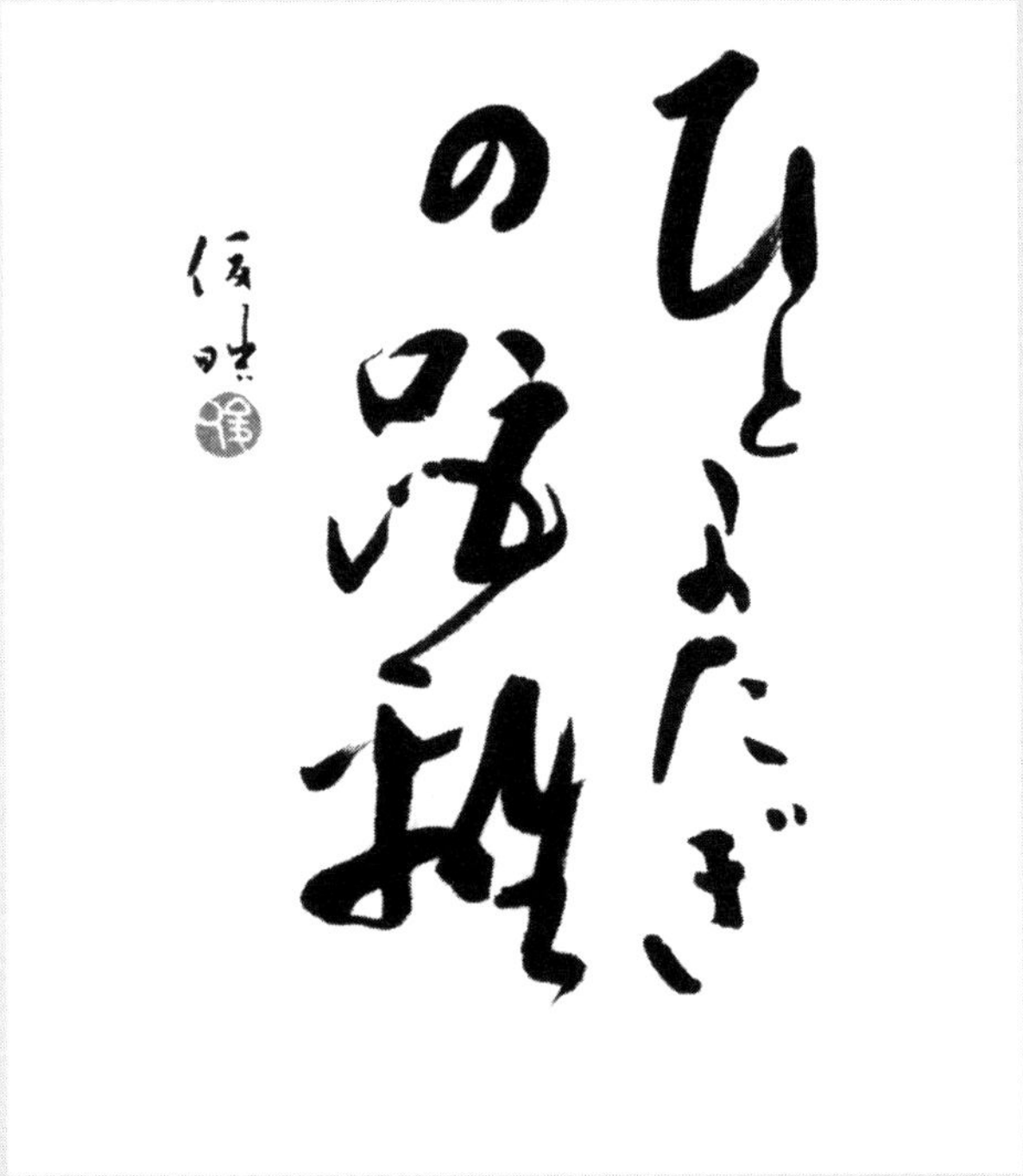

九十六

ひとまたぎの距離《ひとまたぎのきょり》

人はたやすく変化する

藤沢周平さんの『一茶』に、

そのころ、悪の世界は、そこからひとまたぎの距離にあった。

という一文がある。

俳諧師として世に出る前、小林一茶は、ある種いかがわしい境遇だった。たとえば、示された下の句に、付け銭を払って上の句を付け、その優劣で金員をかせぐ「三笠付け《みかさづ》」というご法度の遊びにも手を出していた。が、ともかくも、ひとまたぎせず、ぎりぎりのところで踏みとどまっていたというのだ。

しかし、よくよく考えてみれば、このような状況は、何もそのころの一茶だけではあるまい。いつの一茶にも、そして、何人にも当てはまる。のではないか。

人間は本来、善である、否むしろ、悪にちがいない——。そういう性善説や性悪説が、昔からある。

でも、複雑怪奇な人間を、そんな一元的思考で理解しようとしても、土台無理というものだ。——どっちでもないいんじゃないか。そういう立場がある。「無記《むき》」という仏教の捉え方がそれだ。

無記とは、善でも悪でもないニュートラル。だから、人はたやすく善の方向にも悪の方向にも変化するのだ。今どんなに良好でも、ひとまたぎで悪の世界だし、極めつきの悪でも、善の世界はひとまたぎの距離だ。人間って、危ういんだな。

九十七

衆生《しゅじょう》

同じ地平にあるということ

衆生とは、「生きとし生けるもの」のことだ。もうこれだけで、いのちあるものすべてを包含しているはずだが、漏れ落ちなぞ少しもありませんよ、という意味で、あえて一切

衆生などともいう。

しかし、いずれにせよ、仏教の視野の広さを示しているのが、この衆生という言葉である。

たとえば、よく知られた語句に、「一切衆生悉有仏性《しつうぶっしょう》（すべての衆生は悉《ことごと》く、仏性――仏という揺ぎない境地に至る可能性――を有《も》っている）」というのがある。

これなどは、誰がどうというのではなく、いのちあるものは皆、同じ地平にあるんだという主張に他ならない。あるいはまた、いのちあるものに例外なく、尊いものを見い出していこうとする姿勢だともいえる。

ところが、ずばぬけた知性をもつ人間が一番エライ――。そういう人間至上の考え方が蔓延《まんえん》して久しい。

しかし、本当にそうか。光と影というが、自慢の知性が一方で、もろびとを殺戮し・もろもろを破壊するために、常に用いられてきた。そして、そうした影の蓄積が今や、私たちを脅かしつつある。

それがイヤなら、人もまた衆生の一員、というところから、やり直すしかないのではあるまいか。

九十八　生死《しょうじ》

生と死は対立しない

日本は世界に冠たる長寿国だが、高齢化もモウレツな速度で進んでいる。それについての識者の饒舌《じょうぜつ》が、かまびすしい。が、老後のいい話は、あまり聞かない。

実は依然として、私たちの社会は、若さというものに価値をおいている。というか、ここにきてまだ、老にシフトできないでいる。その端的な例は、メディアが、「老」の文字を積極的に使いたがらないのだ。老とは、単なる価値の喪失にすぎないのか。「老」がそうなのだから、「生」を否定する「死」はなおさらだ。が、私たちはいずれ死ぬ――。もう少し、生と死の問題を考えてもいいのではないか。

この点、仏教の捉え方は「生死《しょうじ》」と包括的だが、ふつうのテーマの立て方は、「生と死」であろう。しかし、こうした対立思考は、本質を見失わせる。つまり、死は否定できないが、まあ、いずれのこと。当面は、生を存分に楽しもう、という魂胆に陥りやすいのだ。

――そのどこが悪い、という声が聞こえてきそうだ。が、こんな生活態度こそが、生まれてこのかた、ひたすら死にむかって生きていること・生死が同時進行していることをサラリと忘れさせるのだ。

それに、死を忘却した生がいかに傲慢か――。胸にとめておいたほうがいい。

九十九

八百万の神《やおよろずのかみ》

価値あるものたちが住み分ける世界

文明の衝突が問題になっている。が、それは要するに、ユダヤ・キリスト・イスラムという同根の一神教同士の衝突だ。それに、多神教のエリアが巻き込まれている構図である。

日本文化の根幹は、なんといっても神仏習合だ。外来性の仏教と、伝統性の神祇（神道）の大いなる和合――。それで千年以上やってきたから、神仏習合の思想は、ほとんど血肉化している。

一五〇年ほど前、日本は近代化を唱えて、それを捨てた。捨てて、国家神道という一神教を奉じ、富国強兵・殖産興業を進めた。その結果はさておき、文化面・精神面に大きな混乱を残した。

私たちの国が多神教風土であることへの明確な再認識が、いま強く求められているのではないか。

習い合わされた一方の仏教は、生きとし生けるものを同じ地平で見つめ、もう一方の神祇は、実にさまざまなものに価値を見い出すのだ。「八百万の神」とは、要するに、そういうことだろう。

日本は、いたるところに神が祀られている。そういうそれぞれに価値あるものが、そここに所を得て、住み分けている世界――。さまざまに見い出された価値の豊かさは、当然、心の豊かさに通じているのだ。

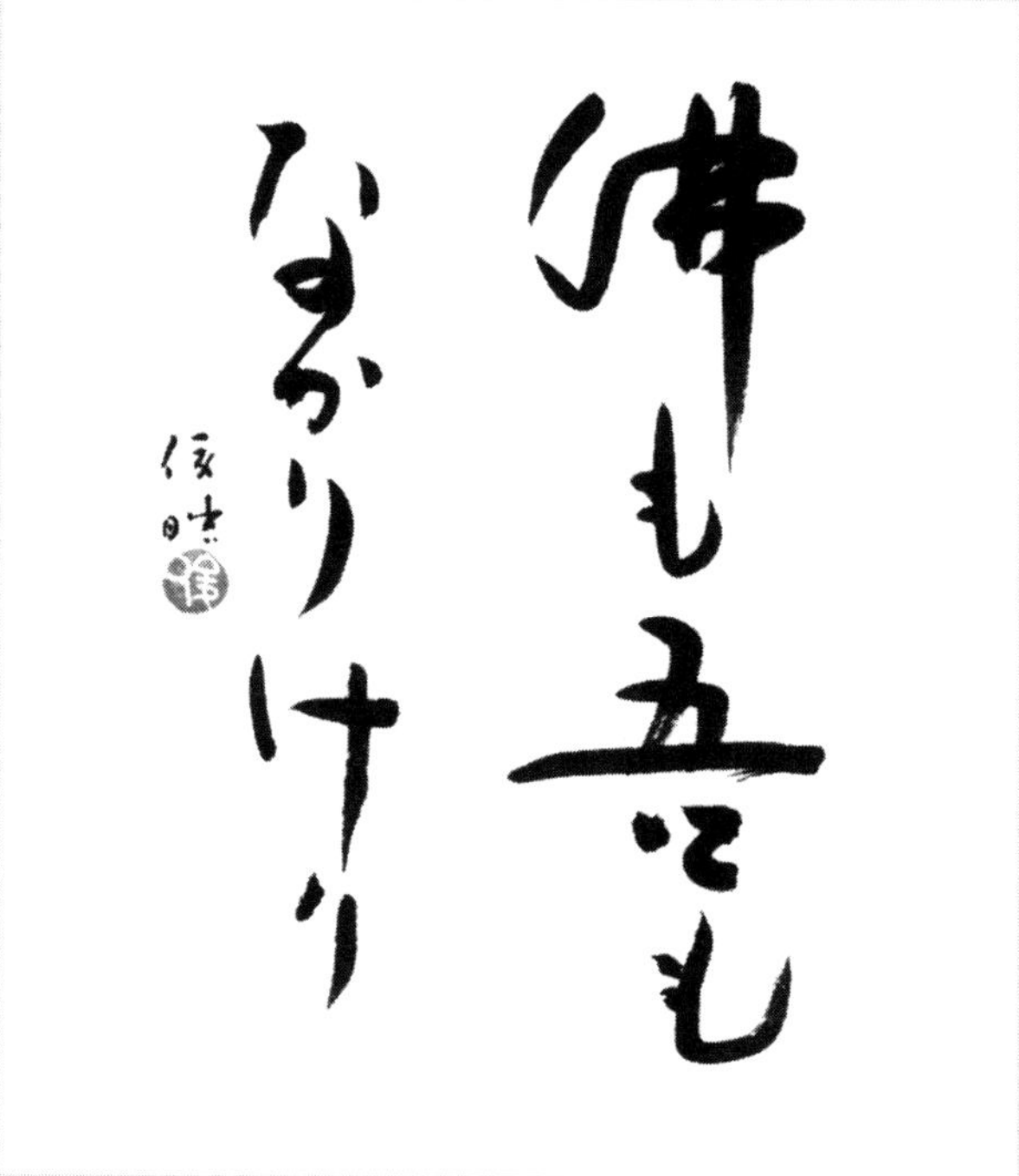

百

仏《ほとけ》も吾《われ》もなかりけり

ボーダーレスの世界

熊野古道が世界遺産に認定されて、注目を浴びている。先日誘われて、中辺路《なかへち》の一つ、那智山から熊野本宮《ほんぐう》ルートの前半、いわゆる大雲取越《おおくもとりご》えを歩いた。

これは、十三世紀冒頭、後鳥羽《ごとば》上皇に随行した藤原定家も通った道で、アップダウンがすごく、輿に乗っていた定家は、どうやら船酔いしたらしい。

それはともかく、その後七十年ほど経った文永《ぶんえい》十一年（一二七四）、一遍上人は、熊野本宮で神勅《しんちょく》を授かり、弥陀《みだ》一仏の道をきわめた。

その透徹を示したものとして、つぎのうたが有名だ。

唱ふれば仏も吾《われ》もなかりけり
南無《なむ》阿弥陀仏なむあみだ仏

いうまでもなく、「南無」と帰依《きえ》する主体は吾で、一方、帰依の対象（客体）が阿弥陀仏だ。こんな場合、ふつうは、――この私が仏に帰依している、と意識されるであろう。そこでは当然、主客は分離している。

が、一遍においては、――仏も吾もなかりけり、なのだという。ここにはもう、主体と客体とを区切るボーダー（境）はない。そういうボーダーレスの世界があることを、知っておきたい。

ものごとはほぼ、そうしたいわば没我の世界においてこそ、成就するのだ。

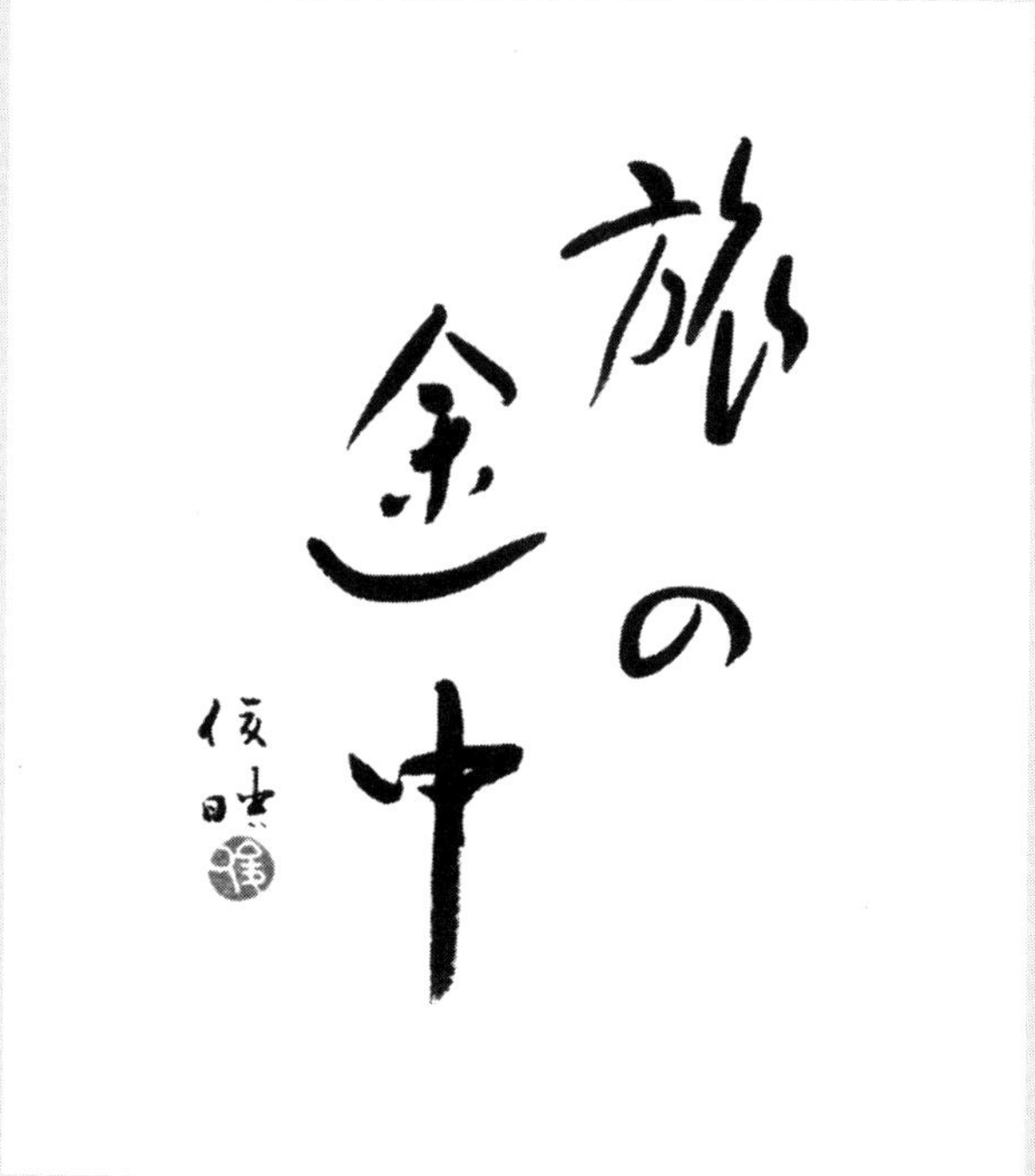

百一

旅の途中《たびのとちゅう》

すべてはみな、旅の途中

気仙沼の柞《ははそ》の森に住む歌人・熊谷龍子さんに、

降って止んで溶けて流れて雪片はお仕舞《しま》いのなき旅の途中よ

の一首がある。

雪は溶けて奥深い森を伏流する——。目にはみえないけれど、なくなってはいない。カタチを変え、いのちを育み・いのちをくぐり抜けて、旅をつづける。あるものは、「どっぱら清水」となって湧き出、名酒の仕込み水となり、やがて、灯刻の私を微酔させる。あるものはまた、川から大海原へ旅立つ。——すべてはみな、旅の途中なのだ。

仏教では、人寿《にんじゅ》は百歳だという。なかなかそうもいかないが、いずれにせよ、オレやワタシの脆弱な肉体は朽ちる。

が、〈生きたい〉という生への執着は強靭で、そのエネルギーはしぶとく保たれると考えられている。それゆえ、新しい乗物（肉体）を求めて、次生に旅立つのだという。

こうした思想によれば、私たちは、前生から来た旅人——。というか、永遠の過去から永い旅路の果てに、いまここに在るのだ。永遠の過去とは、もとより生命の根源のことであろう。

誕生も卒業も、事業の完成も定年も、そして、死もまた、旅の途中の一コマ。

著者紹介

多川俊映（たがわ・しゅんえい）

１９４７年、奈良県生まれ。立命館大学文学部心理学専攻卒。２０１９年までの6期30年、奈良にある法相宗大本山興福寺の貫首を務めた。現在は寺務老院（責任役員）、帝塚山大学特別客員教授。貫首在任中は世界遺産でもある興福寺の史跡整備を進め、江戸時代に焼失した中金堂の再建に尽力した。また法相宗の教義である「唯識」の普及に努め、著書に『唯識入門』『俳句で学ぶ唯識 超入門――わが心の構造』（ともに春秋社）や『唯識とはなにか』（角川ソフィア文庫）、『仏像　みる・みられる』（ＫＡＤＯＫＡＷＡ）などがある。

愛蔵版　心に響く101の言葉
２０２１年６月20日　初版第１刷発行

著者　多川俊映
発行者　江尻　良
発行所　株式会社ウェッジ
〒１０１－００５２
東京都千代田区神田小川町１丁目３番１号　ＮＢＦ小川町ビルディング３階
電話　０３－５２８０－０５２８　ＦＡＸ　０３－５２１７－２６６１
https://www.wedge.co.jp/　振替　００１６０－２－４１０６３６

装丁・組版　小野寺健介（odder or mate）
印刷・製本　株式会社暁印刷

ISBN 978-4-86310-240-8　C0012